JONAS VERLAG

Die Deutsche Bibliothek – CIP-Einheitsaufnahme

Ein Titeldatensatz für diese Publikation ist bei
Der Deutschen Bibliothek erhältlich.

© 2001 Jonas Verlag
für Kunst und Literatur GmbH
Weidenhäuser Straße 88
D-35037 Marburg

Druck: Fuldaer Verlagsagentur

ISBN 3-89445-284-6

Andrea Mihm

Packend ...

Eine Kulturgeschichte
des Reisekoffers

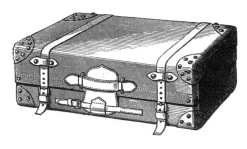

Jonas Verlag

Inhalt

7 Packend...
Reisekultur und Kofferforschung

9 Truhe – Bündel – Weidenkorb
Vorboten des Reisekoffers
   12 Die mobile Immobilie
          Gesindetruhe als Heimstatt
   20 Hoffnungsträger
          Auswanderergepäck im 19. Jahrhundert

35 Kofferwelten
Erscheinungsformen des Reisebegleiters
   36 „Vom Feinsten"
          Bürgerliches Reisegepäck aus England, Frankreich und
          Deutschland seit dem Beginn des 19. Jahrhunderts
   42 Exkurs: Kofferfabrikanten
   65 Hotel als Heimat
          Schrankkoffer – Erfolgssymbol der Idole
   78 Der letzte Koffer
          Zum Gepäck jüdischer Verfolgter während der NS-Diktatur
   90 „Pack die Badehose ein..."
          Urlaubskoffer
  102 Exkurs: Individuelle Koffergestaltung
  106 „Time is Money"
          Das Gepäck des Geschäftsreisenden

113 Ausgepackt
Schlussbetrachtung

      Anmerkungen
      Auswahlbibliographie
      Materialien
      Abbildungsnachweis

Packend...
Reisekultur und Kofferforschung

„Träumt einer, so bleibt er niemals auf der Stelle stehen. Er bewegt sich fast beliebig von dem Ort oder Zustand weg, worin er sich gerade befindet."
Ernst Bloch

Tag für Tag packen Millionen Menschen ihre Koffer und begeben sich auf Reisen. Sie brechen auf, um andernorts ihren Geschäften nachzugehen, sie fliegen in fremde Länder, um dort ihren lang ersehnten Urlaub zu verbringen, sie fahren in andere Städte, um Verwandte oder Freunde zu besuchen. Insbesondere während der Urlaubsreise werden Träume zur Realität. Der Wunsch nach Ruhe und Erholung, der Drang nach Spaß und Abenteuer, das Verlangen nach Flucht vor dem Alltag – all diese Sehnsüchte finden im Urlaub Befriedigung. Das Unterwegssein, die Bewegung weg von Gewohntem, ist demnach längst nicht nur Fiktion, sondern gesellschaftliche Praxis.

Gleichwohl hat das Reisen immer auch etwas Träumerisches. In dem Moment, da der Koffer aus der Kammer herausgekramt wird, kommen die Gedanken ins Fließen. Man erinnert sich an vergangene Reisen und malt sich aus, wie die bevorstehende ablaufen wird. Beim Packen des Koffers verbinden sich gleichsam Elemente aus Reminiszenz und Imagination, aus Vergangenheit und Zukunft. Der Koffer beinhaltet somit viel mehr als nur Kleidung und Reiseutensilien. Er ist vor allem Träger der Gedanken- und Lebenswelt seines Besitzers. Diese wiederum findet in der Kofferform ihre plastische Entsprechung.

In seinen vielfältigen Aspekten und weitreichenden Folgen ist das Reisen auch Gegenstand wissenschaftlicher Disziplinen. Während die Technikgeschichte den Blick vor allem auf Innovationen des Verkehrswesens richtet, untersucht die Soziologie gegenwärtige Strukturen des Tourismus' und des 'Massenreisens'. In der Germanistik sowie anderen literaturwissenschaftlichen Fächern hat sich ferner die Forschung zur Reiseliteratur etabliert.

Längst erklärt auch die moderne Kulturwissenschaft 'Reisen' und 'Mobilität' zu wichtigen Forschungsfeldern. Immer wieder entstehen Studien zu Verkehrsmitteln, Reisezielen und -intentionen. Ein wesentlicher Aspekt fand bislang jedoch nur wenig Beachtung: der Reisekoffer. Zwar verfügen viele Museen über bemerkenswerte Objektbestände der Reisekultur – darunter auch Koffer. Allerdings werden letztere in Ausstellungen zumeist nur als dekoratives Beiwerk genutzt.

Die vorliegende kleine Kulturgeschichte rückt den Reisekoffer nun in den Mittelpunkt des Interesses, untersucht ihn dabei aber nicht primär nach funktionalen Gesichtspunkten. Vielmehr interessiert die Beziehung zwischen Subjekt und Objekt – dem Reisenden und seinen jeweiligen Utensilien. Unter Berücksichtigung der zeitgeschichtlichen Begebenheiten werden zentrale Gepäckformen betrachtet und die Entwicklung des Koffers von dessen Genese bis zu den vielfältigen Erscheinungsformen der Gegenwart dargestellt. Da sich das Wort „Koffer" aus dem altfranzösischen „cofre", also „Truhe" oder „Kiste", ableitet und der Koffer demnach eine Weiterentwicklung dieser Behältnisse darstellt, wird zunächst die Truhe als 'mobile Immobilie' analysiert.

Koffer in verschiedenen Größen und Materialien.

Truhe
Bündel
Weidenkorb
Vorboten des Reisekoffers

Die mobile Immobilie
Gesindetruhe als Heimstatt

„In Müh und Arbeit bring ich mein Leben zu, hier kans nicht anders sein im Himmel ist die ruh 1817"

Dieser Spruch ziert eine von zahlreichen, auch heute noch in Privathaushalten und Museen vorhandenen Truhen aus dem 19. Jahrhundert. Das Behältnis, auf Kufen stehend, hat einen flachen Brettdeckel und weist auf der Frontseite drei Arkadenfelder auf. Zwei aufgemalte Vasen mit Bukett auf rotbraunem Grund schmücken die beiden seitlichen Felder. Im mittleren befindet sich, auf hellblauem Grund, ein Blumenspross.

Das Objekt kann als Beispiel gelten für zahllose in Massenproduktion angefertigte Truhen aus Thüringen. Kennzeichnend für die aus Weichholz hergestellten Behältnisse ist das Format von zirka 50 Zentimetern Höhe und Breite sowie einer Länge von zirka 115 Zentimetern. Abgesehen von Rückwand und Boden, sind die verhältnismäßig kleinen Truhen allseitig deckend bemalt. Auf der Frontseite und dem Flachdeckel sind sie gewöhnlich mit verschiedenen Blumenmustern dekoriert. Die Sockelleisten sind mit einem Spruch und einer Jahreszahl versehen. Letztere ermöglicht eine exakte Datierung der jeweiligen Truhe.

Truhenexport aus Thüringen Ihre erste volkskundliche Erwähnung erfahren die aus Thüringen stammenden Truhen 1939 durch Adolf Spamer. In seiner Studie über die „Hessische Volkskunst" bemerkt er, dass es sich bei den „kleinen billigen Dienstbotentruhen" um Produkte handelt, welche „als Massenware hergestellt" wurden, und weist deren Existenz sowohl in Hessen als auch in den „Rheinlanden" und in Bayern nach. Das Verbreitungsgebiet

Gesindetruhe mit der typischen Bemalung und Sinnspruch, 1817.

dieser Laden erstreckt sich demnach weit über die Grenzen Thüringens hinaus.[1]

Grund für die für damalige Verhältnisse äußerst großflächige Verbreitung ist ein umfangreicher Export – vor allem nach Franken, Hessen und Nordbaden –, der bereits Anfang des 19. Jahrhunderts begann und bis in die Anfänge des 20. Jahrhunderts fortdauerte. Zahlen belegen einen sprunghaften Anstieg der Ausfuhrmengen und den florierenden Handel in den dreißiger Jahren des 19. Jahrhunderts: Während das Gesamtgewicht der exportierten Laden 1834 noch 629 Zentner betrug, waren es im Jahr 1838 bereits 1960 Zentner. In Hessen, dem bedeutendsten Handelsgebiet, erlebten die Truhen aus Schnett und Heubach ihren größten Absatz zwischen 1840 und 1880.

Von hochgradig spezialisierten Schreinern gefertigt und mit der typischen Bemalung versehen, wurden die Truhen mit Fuhrwerken und auf dem Wasserweg – durch Flößerei auf Main und Werra – in die genannten Gebiete transportiert. Seit 1858 diente als Transportmittel ferner die Werrabahn.

Die Besitzer Angesichts der großen Nachfrage und des florierenden Geschäftes mit Truhen der beschriebenen Art stellt sich freilich die Frage nach Käuferkreis und Verwendungszweck. Wenn Adolf Spamer die Bezeichnung „Dienstbotentruhe"[2] verwendet, sind damit die Abnehmer bereits benannt: Dienstboten, ein Wort, für das etliche Synonyme wie Gesinde, Landarbeiter, Mägde und Knechte existieren. Zwar handelt es sich bei diesen Begriffen um geläufige Ausdrücke, doch lassen sie den Käuferkreis zunächst diffus und nur schwer fassbar erscheinen.

Deshalb sei zunächst einmal festgehalten, dass die Hauptabnehmer der Truhen primär in der Landwirtschaft, in vertraglich geregelter Lohnarbeit stehende, familienfremde Beschäftigte waren, die neben ihrem Lohn auch Verpflegung und Unterkunft im Arbeitgeberhaushalt bekamen. Es handelt sich – wie Kerstin Werner es in ihrem Aufsatz „Heilig Drei König bringt dem Bauer sein Gesind" formuliert – um einen Personenkreis, der sich häufig aus untersten Sozialschichten rekrutierte, aus den Töchtern und Söhnen der „... 'geringeren Leute', die kaum oder nur wenig eigenes Land besaßen".

Will man nun der Frage nachgehen, warum die beschriebenen Truhen Sinnbilder für die Lebenswelt von Mägden und Knechten sind, ist es unerlässlich, deren Lebenswelt kurz zu beschreiben und die gesellschaftlichen Modalitäten darzustellen.

Gesellschaftliche Rahmenbedingungen Ein enormer Bevölkerungszuwachs, das im Süden Deutschlands vorherrschende Erbschaftsrecht der Realteilung sowie zahlreiche Missernten verursachten insbesondere in der ersten Hälfte des 19. Jahrhunderts eine Verarmung breiter Volksschichten.

Die Lebensweise der Landbevölkerung war je nach Größe des Besitzes, der Beschaffenheit des Bodens sowie der Einträglichkeit von Zusatzbeschäftigungen ärmlich bis elend. Um den Unterhalt und das Überleben der Familien zu sichern, mussten die Kinder bäuerlicher und unterbäuerlicher Familien, sobald es ihre körperliche Verfassung zuließ, im elterlichen Haushalt mitarbeiten. Im Alter von 14 Jahren, unter Umständen noch früher, mussten sie sich als Magd oder Knecht auf einem fremden Hof verdingen. Sie traten eine Dienststelle an, blieben meist ein oder zwei Jahre auf dem Hof und wechselten anschließend zu einem anderen Bauern. Die formale und rechtliche Grundlage dieser Arbeitsverhältnisse bildeten neben einem Dienstvertrag – meist in Form einer mündlichen Vereinbarung zwischen Bauern und Dienstboten – die während des 19. Jahrhunderts stark alternierenden Gesindeordnungen. Darin fixiert waren unter anderem Regelungen über das Führen von Dienstbüchern, das Anfertigen von Zeugnissen, Kündigungsmöglichkeiten und Höchstlöhne. Ferner waren in den Gesindeordnungen die ortsüblichen Wechseltermine festgehalten, an denen sich das Gesinde aufmachte, um sich auf einem anderen Hof zu verdingen. Gegenseitige Rechte und Pflichten waren, wie Ingeborg Weber-Kellermann in ihrem Buch „Landleben im 19. Jahrhundert" beschreibt, in der „patriarchalischen Oben-Unten-Denkweise" geregelt und wurden von den Dienstherren häufig nicht eingehalten. Im Klagefall war der Wortlaut der Paragraphen stets zugunsten der Dienstherrschaft auslegbar.

Sinnbild Truhenspruch „In Müh und Arbeit bring ich mein Leben zu, hier kans nicht anders sein im Himmel ist die ruh 1817" – dieser Spruch, der auch auf einem Bett von 1842 und einer Truhe von 1846 zu finden ist, steht gleichsam metaphorisch für das Gesindeleben im 19. Jahrhundert. Ebenso wie zahlreiche andere Truhensprüche muss er als Allegorie für die Lebenswelt des Gesindes verstanden und analysiert werden.

„In Müh und Arbeit bring ich mein Leben zu, hier kans nicht anders sein im Himmel ist die ruh 1817" – eine Aussage, die in ihrer Einfachheit und Prägnanz einerseits viel über die realen Lebensumstände der Mägde und Knechte verrät, andererseits auch deren Wünsche, Träume und Hoffnungen zum Ausdruck bringt. Von einem Schreiner oder Möbelmaler aufgetragen, muss er, ähnlich einem Spruch über einem Hauseingang, als Reglement und Appell interpretiert werden. Durch die Verwendung des Pronomens „ich" wird der Leser – zum Zeitpunkt des Gebrauchs also primär der Truhenbesitzer – direkt als Subjekt mit einbezogen. Aus heutiger Sicht entsteht leicht der Eindruck, als stammten die Worte aus dem Mund einer Magd oder eines Knechts. Beide Sichtweisen – Reglement und persönlicher Ausspruch – erscheinen legitim und schließen einander nicht aus. Im Gegenteil: Die grammatikalische Form bewirkt beim Leser die Identifikation mit dem Geschriebenen und unterstützt dadurch nachhaltig die mittelbare Direktive. Eine Direktive, die einerseits zu weltlichem Fleiß und christlicher Devotion auffordert, andererseits aber auch Spielraum für Sehnsüchte und Phantasien offen lässt.

Und wenn gleich am Anfang die Worte „Müh" und „Arbeit" als einzige Diskription des Lebens im Diesseits stehen, dann spiegelt dies die Realität wider und charakterisiert die näheren Lebensumstände. Schließlich war für den Gesindealltag nichts von so großer Bedeutung wie die Arbeit. Neben Viehfütterung, Stallmisten, Spinnen, Schlachten – die Auflistung der zu verrichtenden Tätigkeiten könnte nahezu ins Unendliche fortgeführt werden – zählte die an den Jahreszyklus gebundene Feldarbeit zu den körperlich schwersten Tätigkeiten. „Der Tag begann im Sommer mit dem ersten Sonnenstrahl und endete spät abends."[3] Der Lohn für die harte Arbeit war zumeist nur ein jämmerliches Bargeld sowie einen Naturalienanteil. Dieser hatte jedoch rein funktionalen Charakter, da er zumeist aus einem Paar neuer Arbeitsschuhe oder einem Arbeitshemd bestand.

Folglich scheint es nur allzu natürlich, dass das Leben von Mägden und Knechten seine Illustration in dem Wort „Müh" findet. Es wurde als Belastung und Bürde empfunden. Zweifelsohne dürften zu dieser Wahrnehmung auch die vielen Sanktionen, die subtilen Bestrafungs- und Erziehungsmethoden der Dienstherrschaft beigetragen haben. Ökonomische Zwänge sowie die Verinnerlichung der Normen und Wertsysteme der ländlichen Gesellschaft führten dazu, dass das Gesinde der Dienstherrschaft in totalem Gehorsam und absoluter Treuepflicht unterlag, alles als gottgegeben hinnahm und somit der Willkür und Erziehungsgewalt des Bauern hoffnungslos ausgeliefert war. Das patriarchale Machtverhältnis mit dem Bauern als Despot fand nicht nur in so offenkundigen Formen wie der Prügelstrafe, Beschimpfungen oder der Rationierung von Essen seinen

Gesindetruhe, 1846.

Ausdruck, sondern äußerte sich vor allem in subtilen Handlungsstrategien wie Tischordnungen oder der Form der Anrede.

Durch Aufnahme in die Wirtschaftsfamilie, das Bereitstellen der Nahrung und die Gewährleistung unentgeltlichen Wohnens war das Gesinde der absoluten Kontrolle des bäuerlichen Patriarchen ausgesetzt. Wie Martin Scharfe und Siegfried Becker exemplarisch aufgezeigt haben, bewegte sich das Gesinde in einem Spannungs- und Abhängigkeitsverhältnis, welchem es sich kaum entziehen konnte.[4] Dies drückt sich insbesondere in dem zweiten Teilsatz des Truhenspruchs aus: „... hier kans nicht anders sein ..." Ebenso wie der Truhenspruch „Glücklich ist der vergißt das was nicht zu ändern ist, Anno 1848" muss dieser Teilsatz als Indiz für die Ohnmacht gegenüber bestehenden Autoritäten, für die Akzeptanz geltender, von Gott gewollter Hierarchien und die daraus resultierende, meist passive Duldung der Missstände interpretiert werden.

Unter Berücksichtigung der bislang beschriebenen Lebensumstände verwundert es nicht, dass schließlich im letzten Teilsatz des Truhenspruchs der Wunsch nach Ruhe geäußert wird: „... im Himmel ist die Ruh ..." Es ist das Verlangen nach Ruhe von der harten Arbeit, nach Rast und Schlaf, welches hier seine Entsprechung findet. Ein Wunsch, zu dessen Genese sicher auch die vielen seelischen Verarbeitungsprozesse beitrugen, die dem Gesinde durch die Abhängigkeit zur Dienstherrschaft immer aufs neue abverlangt wurden.

Wenn die Erfüllung der Sehnsucht nach Ruhe auf ein Dasein außerhalb des Irdischen projiziert ist, wenn also das „Himmelreich" in der Vorstellungs- und Gedankenwelt der Dienstboten mit Rast und Stoizismus assoziiert ist, dann deutet dies auf ein diametrales Verhältnis zwischen Diesseits und Jenseits hin. Es impliziert, dass das Leben als Magd oder Knecht von Unruhe und Rastlosigkeit geprägt war. Die Wunschvorstellung von Ruhe im Jenseits verweist darauf, dass die Unruhe im Diesseits – und die Rede ist hier nicht nur von seelischer, sondern auch physischer Unruhe – eine erzwungene, unfreiwillige war. Das Gesindeleben, verbunden mit dem alljährlichen Stellenwechsel, stellte demnach für die Betroffenen keinen erstrebenswerten Lebenszustand dar. Es bedeutete immer auch ein Leben ohne festen Wohnsitz, und wie Regina Schulte in ihrem Buch „Das Dorf im Verhör" schreibt, „ein Leben auf der Grenze zwischen Dazugehören und Fremdsein".

Innerhalb dieses Spannungsfeldes von Partizipation und Fremde, von harter Arbeit und Abhängigkeit, von unfreiwilliger Mobilität gepaart mit dem nur allzu menschlichen Bedürfnis nach Rast kamen der Truhe gleich mehrere Funktionen zu: Sie war Reisebegleiter und Weggefährte, sie machte den materiellen Besitz der Dienstboten aus, sie war 'Träger' von Erlebnissen und Erinnerungen, und sie war ein Objekt des gedanklichen Rückzugs. Die Gesindetruhe repräsentierte „gewissermaßen alles, was das Ich des Dienstboten ausmachte, seine gesamte Individualität"[5].

Reisebegleiter und Erinnerungszeichen Als Weggefährte auf einer mehrjährigen, manchmal auch lebenslangen Wanderschaft wurde die Gesindetruhe zumeist mit einem Pferdefuhrwerk oder einem Ochsengespann von einem Haushalt zum nächsten transportiert. Sie fand in verschiedensten Häusern, Kammern und Ecken ihren Platz und symbolisierte immer auch ein Stück kindliche Heimat. Insbesondere beim Antritt der ersten Stelle war die Truhe Sinnbild für den schmerzhaften Abschied von der eigenen Familie. Sie war ein Zeichen der Trauer und des Verlusts. Denn obgleich die Kinder häufig eine Stelle in benachbarten Ortschaften antraten und zum Zeitpunkt des Dienstantritts längst in die Arbeitswelt hineingewachsen waren, stellte der Eintritt in das Gesindeleben eine entscheidende Zäsur im Lebenszyklus dar. Trotz mitunter sehr geringer räumlicher Distanz zum Elternhaus wurden die Kinder aus ihrer gewohnten Umgebung herausgerissen und der Kontrolle und Erziehungsgewalt eines fremden Bauern unterstellt. Wie unsäglich schwer der Abschied vom vertrauten Elternhaus fiel, mit welchen psychischen Anstrengungen er verbunden war und welche Funktion dabei dem Gepäck zukam, kann angesichts folgender Schilderung einer ehemaligen Magd nur erahnt werden: „... ich hab' ein Hucklkorb aufg'habt, da war mei' paar Habseligkeit'n drin', der [Vater] hat mich da hin gebracht und dann – Heimweh hab' ich a' gleich g'habt, hab ich auch g'heult bis a Zeit 'rum war, ja."[6]

Das erste Mal eine Stelle anzutreten bedeutete nicht nur einen frühzeitigen Übergang von der Kindheit in das Erwachsenenleben, sondern war vor allem auch ein Verlust von sozialen und räumlichen Bezugsrahmen. Er stellte für die Betroffenen eine enorme seelische Belastung dar, welche es im Alleingang zu bewältigen galt. Das Gepäck, in diesem Fall zwar keine Truhe, sondern ein „Hucklkorb", fungierte als Bindeglied zwischen Familie und Alleinsein, zwischen Vertrautem und Fremdem. Während es bei der Ankunft am Hof des Dienstherren galt, auch vom letzten Familienmitglied Abschied zu nehmen, war die Truhe neben einigen wenigen Kleidungsstücken und Andenken der einzige persönliche Gegenstand, welcher im Besitz der Magd oder des Knechts blieb.

Truhe und Besitz Bei genauer Betrachtung der Truhen fällt auf, dass sich in deren Innern nochmals eine Lade mit einem Schloss befindet. Diese, zumeist in der linken oberen Ecke angebrachte Beilade, war das sogenannte 'Wertfach'. Wie die Bezeichnung bereits verrät, beinhaltete es die 'Wertgegenstände' des Besitzers. Doch waren es in der Regel weniger materiell wertvolle Dinge, die darin aufbewahrt wurden, als vielmehr persönliche Gegenstände wie Rasierzeug, Tabaksbeutel, Pfeife und Gesangbuch.

Das 'Wertfach' signalisiert, dass die Truhe letztlich der alleinige Besitz des Gesindes war beziehungsweise diesen beinhaltete. Denn obgleich es das Ziel einer jeden Magd und eines jeden Knechts war, soviel wie möglich zu sparen, um somit die Voraussetzungen für die eigene Haushaltsgründung zu schaffen, war dies aufgrund der Lohnsituation häufig gar nicht möglich. Der Gesindedienst war – wie Siegfried Becker es in seinem Aufsatz „Der Dienst im fremden Haus" formuliert – immer nur ein „Dienen ums Brot", und die Truhe mit den wenigen Kleidungsstücken und Habseligkeiten darin bildete das einzige 'Vermögen' und 'Kapital' der Dienstboten. Sie beherbergte das Wenige, was Mägde und Knechte ihr Eigen nennen konnten.

Da im 19. Jahrhundert der Heimatbegriff beziehungsweise die Vorstellung von dem, was Heimat ausmacht, noch ganz konkret an den Besitz eines Menschen gebunden war, und sich dieser beim Gesinde nicht in Haus und Hof, sondern lediglich in der Truhe manifestierte, war die Truhe auch Heimat.

Truhe als Kompensationsraum Die Tatsache, dass sich im Innern der Truhen häufig Bilder und Verse finden, verweist ebenfalls darauf, dass sie viel mehr als nur beliebige

Transportbehältnisse waren. Sie fungierten vielmehr als Träger von geistigen und ideellen Werten, waren Objekte des gedanklichen Rückzugs, Gebilde der imaginären Zuflucht vor den real existierenden Verhältnissen. Verständlich werden diese Bedeutungen insbesondere bei Berücksichtigung der Wohnsituation von Mägden und Knechten: Die zumeist winzigen, im Dachgeschoss oder neben dem Pferdestall befindlichen Räume waren gewöhnlich nur mit dem Nötigsten, sprich mit Betten und mitgebrachten Truhen ausgestattet. In der Regel wurden sie von mehreren Dienstboten gleichzeitig bewohnt. Es war üblich, dass zwei Personen in einem Bett schliefen, sodass die Kammer letztlich immer nur den Schlafplatz darstellte und keinen Ort des Wohnens im umfassenden Sinn. Zwar war die Kammer in gewisser Weise 'Zufluchtsort' vor der Dienstherrschaft, in dem durch Gespräche mit anderen Dienstboten Erfahrungen und Erlebnisse ausgetauscht werden konnten, doch bot sie nicht die Möglichkeit des individuellen Rückzugs.

Da ein solches Refugium jedoch vonnöten war, um dem hierarchischen Druck, den körperlichen wie seelischen Belastungen standhalten zu können, übernahm die Truhe die Funktion eines persönlichen Zufluchtsortes. Sie diente gleichsam zur Kompensation der nicht vorhandenen Wohnstätte. Ihre Entsprechung findet diese Aussage in der individuellen Ausgestaltung der Truhen.

Mit Hilfe von Mehlkleister brachten die Dienstboten im Innern ihrer Truhen, vorwiegend am Truhendeckel, handgemalte oder gedruckte Bilder und Texte an. Die sogenannten „Kastenbriefe" oder „Kistenbilder"[7] wurden in Massenproduktion hergestellt und von Kolporteuren in die Lande getragen. Durch ihren niedrigen Verkaufspreis waren sie dann auch für das Gesinde erschwinglich. Die zumeist neben-, über- oder untereinander aufgeklebten Bilder und Texte verliehen dem Interieur der Truhen eine ganz persönliche Note. Ähnlich einem durch Tapete und Wandbilder dekorierten Zimmer, erfuhr somit auch die Lade eine höchst individuelle Ausschmückung. Und wenn in den Truhen Weihnachts- und Neujahrsbriefe, selbstgemalte Bildchen, handgeschriebene Poeme[8], Kupferstiche, Oblaten- und Spitzenbildchen mit Sprüchen und Versen ihren Platz fanden, dann repräsentieren all diese Zierstücke die Gedanken- und Lebenswelt des Gesindes.

Spitzenbildchen, 19. Jahrhundert.

In einem von Kontrolle und Missachtung geprägten Dasein stellte das Innere der Behältnisse letztlich den einzigen individuellen Gestaltungsfreiraum dar. Nur hier, verborgen im Innenraum der Truhe, konnten Gefühle und Sehnsüchte, Fantasien und Ängste, Hoffnungen und Enttäuschungen erträumt und, wie Ingeborg Weber-Kellermann es formuliert hat, „erlitten" werden. In Augenblicken von Einsamkeit, von Ruhe, in beschränktem Maße auch Freiheit boten die Truhen den Mägden und Knechten die Möglichkeit, dem harten Arbeitsalltag zu entfliehen und ihn für wenige Momente vergessen zu machen.

Mobile Immobilie Die Gesindetruhe besaß somit Charakteristika einer Heimstätte. Sie war zum einen individueller Gestaltungsraum, ein Ort der inneren Einkehr und Kontemplation. Zum anderen verkörperte sie den nahezu einzigen Besitz des Gesindes. Auch begleitete die Truhe das Gesinde auf einer mehrjährigen, unfreiwilligen Wanderschaft und wurde alljährlich von einem Haushalt zum nächsten transportiert; fast überflüssig zu sagen, dass sie demnach nicht als Immobilie im herkömmlichen Sinn, also als feststehendes, unbewegliches Gut, verstanden werden kann.

Doch selbst wenn ein solch transportables Behältnis wie die Truhe nicht mit einem Haus oder einem Grundstück gleichzusetzen ist, so fungierte sie gezwungenermaßen dennoch als Ersatz für das nicht vorhandene Wohnhaus. Die Gesindetruhe war für Mägde und Knechte gleichsam eine mobile Immobilie.

Hoffnungsträger
Auswanderergepäck im 19. Jahrhundert

Eine der bedeutsamsten und sowohl individuell als auch gesellschaftspolitisch schwerwiegendsten Mobilitätsformen des 19. Jahrhunderts war die Auswanderung: Tausende Europäer – Italiener, Griechen, Preußen, Österreicher, Iren und Skandinavier – machten sich aus religiösen, wirtschaftlichen oder politischen Gründen auf den Weg in ihnen fremde Länder fernab der Heimat.

Begibt man sich auf die Suche nach den Behältnissen und Gepäckstücken, welche die Auswanderer mit sich trugen, so muss man feststellen, dass diese in der Fachliteratur kaum beziehungsweise nur am Rande Erwähnung finden. Auch wenn die Auswanderung immer wieder unter verschiedensten Gesichtspunkten betrachtet und analysiert wurde, das Auswanderergepäck spielte in den bisherigen Forschungsarbeiten kaum eine Rolle. Um dennoch einen Zugang zu diesem scheinbar schwer greifbaren Thema zu finden, werde ich im Folgenden vornehmlich auf zeitgenössische Quellen sowie Bildmaterialien wie Druckgrafiken

Auswanderer mit ihren Gepäckstücken am Bahnhof Ruhleben bei Berlin. Zeitungsgrafik, Anfang 20. Jahrhundert.

Koffer einer wohlhabenden Auswanderin aus dem Burgenland, Ende 19. Jahrhundert.

und Fotografien zurückgreifen. Zwar steht auch bei diesen das Gepäck nie wirklich im Vordergrund, doch offenbaren sie viel von dem, was Auswanderer mit sich trugen. Anhand von Druckgrafiken kann man zunächst einmal ablesen, dass das Gepäck der Auswanderer von großer Mannigfaltigkeit geprägt war. Neben geflochtenen Weidenkörben, hölzernen Kisten und Koffern stößt man auf Leinenbündel, Rucksäcke und Ledertaschen. Notdürftig mit Seilen zusammengeschnürte Stoffballen, abgegriffene, speckige, teilweise ramponierte Tragekörbe und Laden stehen manch edel beschlagenem Koffer gegenüber. Allein die Vielfalt der anzutreffenden Gepäckstücke spricht für das Potpourri der auswandernden Menschen und Bevölkerungsgruppen. Es waren Handwerker und Tagelöhner, Mägde und Knechte, Bauern und Wanderarbeiter, Familien und Einzelpersonen, die sich mit Bündeln und Truhen aufmachten, in der Fremde „ein besser Los zu suchen und zu finden"[9].

Auswanderung aus dem deutschsprachigen Raum

Das Ausmaß der Abwanderung aus den deutschsprachigen Gebieten war im 19. und zu Beginn des 20. Jahrhunderts erheblich. Zwischen 1830 und 1913 betrug die Zahl der deutschen Auswanderer zirka sechs Millionen. Durch vielfältige Faktoren ausgelöst, fand die Auswanderung in verschiedenen Zeitabschnitten unterschiedlich stark statt. Während württembergische Pietisten wegen ihrer religiösen Vorstellungen am Ende des 18. Jahrhunderts zumeist noch in Richtung Osten nach Russland und Ungarn abwanderten, nahm die Zahl derer, die den Weg nach Nordamerika suchten, in der ersten Hälfte des 19. Jahrhunderts drastisch zu. Die Vereinigten Staaten von Amerika avancierten so bis Mitte des 19. Jahrhunderts zum bevorzugten Ziel der deutschen Auswanderer.

Die Massenauswanderungswellen standen in unmittelbarem Zusammenhang mit der Bevölkerungsexpansion, der zunehmenden Industrialisierung, den durch Missernten verursachten Hungersnöten und der Verarmung breiter Volksschichten. Insbesondere seit der Wirtschaftskrise der 40er Jahre des 19. Jahrhunderts wurde die Auswanderung zu einem Unternehmen der Armen und Besitzlosen; die wirtschaftliche Not war – wie beispielsweise der Volkskundler Peter Assion in seinen Auswanderungsstudien anschaulich dargelegt hat – der vorherrschende Beweggrund. Die verschiedenen Gepäckstücke sind daher ebenso wie die Gesindetruhen Sinnbilder für das Elend, den Notstand und die Misere abertausender Menschen.

Symbole eines schmerzlichen Abschieds Darüber hinaus berichten die Kisten und Koffer der Auswanderer von einer mehrwöchigen, von Anstrengungen und Risiken geprägten Reise, an deren Anfang ein schmerzhafter und zumeist endgültiger Abschied von der Familie, den Freunden und der Heimat stand. Eindrücklich ist dies in folgender Passage aus dem Tagebuch von H. Georg geschildert:

„Trauter Ort, daß ich muß scheiden,
Muß nun meine Heimath meiden,
Tief im Herzen thut mir's weh!"[10]

Hohe Überfahrtskosten und eine Reisedauer von mehreren Wochen schlossen für die meisten Menschen ein mehrmaliges Überqueren des Ozeans aus. Der Abschied war somit auf ewig. Wie die Schilderung Augusta Benders belegt, wurde der Abschied im Bewusstsein der Betroffenen zuweilen sogar mit dem Tod gleichgesetzt: „Wochenlang stand der gelbangestrichene Kasten in der Kammer und roch wie eine Totenlade. Die Mutter glaubte vor Jammer vergehen zu müssen. [...] 'Ich sehe ihn zum letzten Mal', sagte das ahnungslose Mutterherz. Er hatte ihr nie etwas anderes als Kummer und Sorge bereitet; doch eine Scheidestunde auf Nimmerwiederkehren ist eine Sterbestunde."[11]

In der symbolhaften Überhöhung und dem Vergleich der Auswandererkiste mit einem Sarg wurde die Trennung von einem Familienmitglied verarbeitet. Der Aufbruch und

Tränenreicher Abschied eines Auswanderers von seinen Eltern. Neuruppiner Bilderbogen, um 1840.

Weggang des Auswanderers, das Ungewisse seiner Zukunft in einer fremden Welt fernab der Heimat wurde auf die eigene Lebenswelt, auf das Bekannte und Greifbare übertragen und somit von den daheimgebliebenen Familienangehörigen bewältigt.

Weidentruhe mit Leinenschutz und Eisenschlössern, Ende 19. Jahrhundert.

„Überseekoffer" – Zitate einer Reise Doch sind die Gepäckstücke der Auswanderer mehr als nur Zeichen der Trauer und des endgültigen Abschieds. Betrachtet man beispielsweise Kisten, die im Ellis Island Museum zu New York ausgestellt sind, wird deutlich, dass sie im Gegensatz zu den Gesindetruhen für eine völlig andere Form des Reisens konzipiert waren. Einige Exemplare sind aus Weide angefertigt worden. Der überwiegende Teil der Kisten besteht jedoch aus Holz, welches teilweise mit Leinenstoff überzogen und beklebt ist. Es gibt Objekte mit flachen und welche mit gewölbten Deckeln. Metall- und Schnappschlösser an den Frontseiten lassen darauf schließen, dass der Inhalt der Kisten vor dem Zugriff fremder Personen geschützt werden musste. Die Verschlüsse sind Verweise darauf, dass die Kisten während der Reise dem Blickfeld des Besitzers entzogen waren und demnach getrennt von diesem transportiert wurden. An den Seiten befindliche Tragegriffe aus Leder, Weide oder Metall lassen ferner darauf schließen, dass das Gepäck während der Reise mehrmals verladen wurde. Lederriemen, Metall- oder Holzleisten, die sowohl horizontal als auch vertikal angebracht sind, halten die Korpusrahmen der Kisten zusammen und geben ihnen zusätzlichen Halt und Stabilität. Tatsächlich war dies vonnöten: Kompakt, stabil und dennoch handlich musste das Gepäck sein, um den Beanspruchungen während der mehrwöchigen Reise standhalten zu können.

Wenn die Kisten im Deutschen „Überseekoffer" und im Englischen „steamer trunks", also Dampfschifftruhen, heißen, dann verraten bereits die Bezeichnungen viel über die Form der Reise und das Transportmittel. Während der Weg über den Ozean in der ersten Hälfte des 19. Jahrhunderts noch mit Segelschiffen angetreten wurde, kamen ab der Mitte des 19. Jahrhunderts fast ausschließlich Dampfschiffe zum Einsatz.

Bevor die Auswanderungswilligen allerdings die eigentliche Schiffsreise antreten konnten, galt es zunächst, einige Hürden zu nehmen. Dem Entschluss zur legalen Auswanderung folgte ein wahrer Papierkrieg. Um die Auswanderungspapiere von den Landratsämtern zu erhalten, musste zunächst ein Antrag auf „Entlassung aus dem Untertanenverband" gestellt werden. „Sittenzeugnisse", Altersnachweise und Bescheinigungen über gezahlte Steuern mussten bei den örtlichen Behörden zur Prüfung eingereicht werden. Jeder

Verschließbare Auswandererkiste mit massiven Beschlägen und Versandaufklebern, 19. Jahrhundert.

Kistenbild und Schmuckpapier im Inneren einer Auswanderertruhe, 19. Jahrhundert.

Auswanderer benötigte ferner einen Überfahrtsvertrag oder 'Schiffs-Accord' mit einem Reeder, der eine Atlantikroute unterhielt. Nahezu die Hälfte aller Auswanderer wählte aufgrund der bürokratischen Erschwernisse den 'illegalen Auswanderungsweg'. Sie begaben sich ohne offizielle Bekanntmachung ihres Entschlusses auf die Reise in die Neue Welt.

Den Weg von den Heimatorten zu den entsprechenden Seehäfen – vornehmlich Bremen, Bremerhaven und Hamburg – legten die Auswanderer zu Fuß, mit der Postkutsche, per Frachtkahn auf Weser und Rhein oder per Bahn zurück. Bei einem Fußmarsch, dem aus Kostengründen üblichsten Reiseweg zum Einschiffungshafen, wurde das Gepäck zumeist auf einem Wagen transportiert. Eine andere Möglichkeit der Gepäckbeförderung bestand darin, den Dienst eines Fuhrunternehmers in Anspruch zu nehmen.

Hessische Auswanderer auf dem Weg nach Bremen, Ölgemälde 1824.

Aus zeitgenössischen Ratgebern wie dem „Taschenbüchlein für Auswanderer und Reisende" von F. A. Bauer ist außerdem ersichtlich, dass das Hab und Gut der Emigranten auch über entsprechende Auswanderungsagenturen transportiert werden konnte: „Das Gepäck befördert ein guter Agent gewöhnlich wohlfeiler als sonst, wenn es ihm eine bestimmte Zeit vorher eingeliefert wird."

Folglich entzogen sich die Behältnisse bei beiden zuletzt genannten Transportmöglichkeiten dem Blickfeld ihrer Besitzer. Da die Fuhrunternehmen etliche Kisten pro Tag zu befördern hatten, liegt die Vermutung nahe, dass der Umgang mit dem Gepäck nicht immer mit gebührender Sorgfalt vonstatten ging. Doch selbst wenn das Gepäck während der Anreise zur Hafenstadt bei seinem Besitzer blieb, war es vielerlei Belastungen ausgesetzt. Bei der Nutzung von Frachtkähnen wurden die Kisten, Koffer und Taschen häufig auf andere Schiffe verladen und dabei nicht selten beschädigt. Reisende mit einem Fuhrwerk machten unterwegs häufig Rast in überfüllten Gasthöfen, sodass die Behältnisse auch hier mehrmals auf- und abgeladen werden mussten. So kam es während der Reise zum Seehafen schon einmal vor, dass das Gepäck trotz der Verschlusssysteme in den Gasthäusern heimlich geplündert wurde.

Zwischenstationen der Reise Waren die Auswanderungswilligen samt Gepäck unbeschadet in der Hafenstadt angelangt, bedeutete dies in der Regel, dass sie noch einige Tage, manchmal auch Wochen ausharren mussten, bevor sie endlich die Schiffe betreten konnten und die Seereise ihren Anfang nahm. Wiederum mussten sie sich Quartiere suchen, in denen sie bis zur endgültigen Abreise verweilen konnten. Da die meisten ihre Heimat nie zuvor verlassen hatten, war es dann auch für Gastwirte, Kaufleute und sogenannte „Litzer"[12] ein Leichtes, die Hilflosigkeit und Unerfahrenheit der Auswanderer auszunutzen, um an ihnen so viel wie möglich zu verdienen.

Zeitweise war die Zahl der Auswanderungswilligen in den Hafenstädten so hoch, dass Notunterkünfte eingerichtet werden mussten. Die Menschen hausten in Theatern, Scheunen, Tanzhallen und verlassenen Fabrikgebäuden; sogar in Bahnhöfen wurden sie untergebracht. Natürlich wussten Betrüger und Diebe um die Missstände, und auch unter den Auswanderern herrschte Misstrauen. Sicher kam es nicht selten vor, dass Auswanderer in den Städten bestohlen oder zumindest betrogen wurden. Nicht umsonst empfahlen ihnen einschlägige Ratgeber wie der bereits erwähnte von F. A. Bauer, auf Gepäck und Geld entsprede Versicherungen abzuschließen: „Von den bestehenden Versicherungen muß man so viel wie möglich Gebrauch machen. Man kann nemlich sein Reisegepäck, das baare Geld oder Wechsel, was man sich nimmt, so wie auch das Ueberfahrtsgeld versichern lassen; denn es ist schlimm, wenn man in Unglücksfällen nur das nackte Leben rettet und, wenn man ohne diese Versicherung der Willkühr der Leute zur See und auf dem Lande in Bezug der Weiterreise und dem guten Fortkommen dem Zufall oder guten Glück überantwortet ist."

Es wurde ferner dazu geraten, die für die Überfahrt notwendigen Dinge erst in den Hafenstädten, also unmittelbar vor der endgültigen Abreise aus dem Heimatland zu kaufen. Steppdecken, Kissen aus Stroh oder Seegras, Trink- und Essgeschirre, Proviant und Getränke, Kleidung und Arzneimittel sollten, so Bauers Empfehlung, in stabilen Kisten verstaut sein: „Dasselbe muß in festen Kisten (keine Fässer) verschlossen (nicht genagelt) und deutlich mit Namen u., als Passagiergut von N. N. über Bremen nach New-York und wenn es mehrere Stücke sind, mit laufender Nummer dazu bezeichnet seyn."

War der Tag gekommen, an dem die Auswanderer die Seereise antreten konnten, mussten diese ihre Kisten, Koffer, Bündel und Taschen oft kilometerweit von den Quartieren zu den Schiffen schleppen. Da aber das lange Warten auf den eigentlichen Abreisetag und das Ausharren an Zwischenstationen der Reise endlich ein Ende hatte, bleibt zu vermuten, dass die Strapazen der langen Fußmärsche zu den Anlegestellen nicht als solche empfunden wurden. Schließlich kamen die Auswanderer ihrem tatsächlichen Ziel, welches ja nicht Bremen oder Hamburg hieß, sondern eben den hoffnungsvollen Namen „Amerika" trug, ein ganzes Stück näher. Die freudige Erwartung des weiteren Fortkommens dürfte somit die den Auswanderer beherrschende Stimmung gewesen sein:

„Sieh' in Götas Stadt die braunen Kisten
Jeden Tag bergab zum Kai gebracht.
Sieh' der Passagiere lange Listen,
Wie Verlustrapporte einer Schlacht!
Gleich voll Hoffen, gleich entschlossen
Schauten alle Augen, die ich sah!
Pfeift der Dampfer, lichtet seine Trossen,
Jubelts trotzig: Nach Amerika!"
C. Snoilsky[13]

Im Hafen angelangt, bot sich dem Auswanderer, dem, so

Peter Assion, „die Weltläufigkeit nicht gerade in die Wiege gelegt war", genauso wie Außenstehenden, Korrespondenten und Beobachtern ein Bild bunten Getümmels. Ein zeitgenössischer Beobachter schildert: „Zu allen Stunden des Tages sah man sie [die Auswanderer] mit Weibern und Kindern in zahlreichen Gruppen am Hafen, meistens müßig schlendernd und gaffend, oder auf Kisten und Ballen gelagert und dem ganzen Hafengetriebe einen eigenen Charakter verleihend. Niedersachsen, Hessen und Franken bildeten die größere Menge derselben; mitunter erschienen auch Böhmen, Mähren, Pfälzer und Schwaben."[14]

Hab und Gut an Bord Bevor die Menschen die Schiffe betreten konnten, galt es, abermals das Gepäck zu verladen. Der Preis für den Transport der Habe war gewöhnlich in dem „Schiffs-Accord", dem Fahrschein des Reisenden, enthalten. Lediglich bei Überschreitung eines vorgegebenen

Querschnitt eines Auswandererschiffs. Im unteren Schiffsteil befindet sich das Gepäcklager.

Gesamtgewichts beziehungsweise Maßes mussten zusätzliche Zahlungen geleistet werden. Diejenigen Gepäckstücke, welche nicht direkt für die Überfahrt benötigt wurden, wurden in einem Laderaum im unteren Schiffsteil verstaut.

Da das Betreten des Gepäckraumes für Passagiere verboten war, war auch ein Zugriff auf die darin aufbewahrten Kisten während der gesamten Überfahrt kaum möglich. T. Bromme empfahl daher in seinem „Hand- und Reisebuch für Auswanderer", „dass diejenigen Gegenstände, welche man während der Reise gebraucht, von den übrigen abgesondert und in eine größere mit verschließbarem, flachen Deckel versehene Kiste gelegt werden, damit sie bei der Hand bleiben. Diese Kiste kann ein kleines Fach für Kämme, Rasirzeug, Scheeren, Schwamm, einen kleinen Spiegel etc. enthalten, welche Gegenstände auf der Reise unerläßlich sind."

Wenn besagte Kisten einen flachen Deckel haben sollten, erfüllte auch dies einen bestimmten Zweck: Da es im Zwischendeck weder Tische noch Bänke gab, dienten die Behältnisse auch als Sitzgelegenheiten für die Auswanderer. Gleichzeitig boten sie die Möglichkeit einer Ablage, auf der das eine oder andere Reiseutensil, Bestecke oder Geschirre, gelegentlich Platz fanden. Die Kisten selbst wurden längs im Gang, zwischen den Reihen der meist mehrstöckigen Betten plaziert, „so daß sich auf beiden Seiten ein Gang bildete, der in die oberen Cojen das Einsteigen erleichterte."[15]

Überfahrt und Ankunft Während wohlhabende Passagiere der ersten Klasse in verhältnismäßig komfortablen Kabinen untergebracht waren und ihre Mahlzeiten in einem separaten Speise-Salon zu sich nahmen, war das Reisen im Zwischendeck beschwerlich und nicht ohne Gefahren. Dutzende Männer, Frauen und Kinder waren auf engstem Raum zusammengepfercht. Verdorbene Nahrung, Mangel an Wasser und frischer Luft sowie „unzureichende hygienische Einrichtungen riefen Krankheiten wie Typhus, Ruhr, Skorbut und Pocken, mitunter auch Cholera hervor"[16]. Die Zahl derjenigen, die die Überfahrt aufgrund von Seuchen und Krankheiten nicht überlebten, war hoch.[17] Dennoch überstanden Millionen von Menschen die Unbequemlichkeiten, Risiken und Anstrengungen der weiten Reise und erreichten die Neue Welt.

„Ein glänzender Streifen, mit Purpur gemalt,
Erschien dem beflügelten Blick,
Vom Golde der steigenden Sonne bestrahlt
Erhob sich das winkende Glück."
H. Georg: Tagebuch eines Auswanderers

Ankunft im Land der Freiheit.

Eine Zeitzeugin berichtete: „Als wir die Stadt Newjork sahen, glaubten wir wir kämen ins Himmelreich ..."[18] Mit dem Erblicken des Festlandes waren plötzlich alle negativen Erinnerungen an die Überfahrt vergessen. Selbst Kranke und Schwache eilten an Deck, um das 'Land der Verheißung' erblicken und den Jubelgesängen beiwohnen zu können. Wie ein Zitat aus H. Georgs Tagebuch eindrucksvoll belegt, beherrschten Dank, Ehrfurcht und Erleichterung die Stimmung an Bord: „Der Anblick des Erhabenen, von vielen reizenden Landsitzen verherrlichten Panoramas, verbunden mit dem Gedanken, nun Bürger eines anderen Welttheils zu sein, versetzte uns in eine eigenthümliche Stimmung, und mancher fühlte sich wohl in diesem Augenblick mächtig hinangezogen zu Gott, der ihn auf der gefahrvollen Reise so väterlich beschützet und ihn das ersehnte Ziel glücklich hatte erreichen lassen."

Bevor die Schiffe in die Häfen einlaufen durften, wurden sie von Sanitätsbeamten kontrolliert. Mittels der Schiffskontrollen und der medizinischen Untersuchung der Passagiere durch sogenannte „medical officer", sollte die Einfuhr von Seuchen vermieden werden. Gegebenenfalls wurden die Schiffe unter Quarantäne gestellt. Um den Inspekteuren keinen Grund zu Beanstandungen zu geben, warfen die Reisenden neben den schlechten Erinnerungen auch Matratzen, Kissen und Essgeschirre über Bord. Die Eliminierung all dieser Gegenstände signalisierte gleichzeitig, dass die Qualen der Schiffsreise nun schließlich ein Ende hatten. Alte Konventionen konnten endgültig abgelegt werden. Das Wegwerfen besagter Reiseutensilien war demnach auch ein symbolischer Akt der Befreiung und Selbstbestimmung.

Hatte das Schiff die Erlaubnis zum Einlaufen in den Hafen erhalten und die Anker geworfen, wurde zunächst das

Gepäck entladen und von Zollbeamten kontrolliert. Freilich hatten nicht immer alle Sachen die Reise unbeschadet überstanden. Die Passagiere mussten unterdessen die formalen Schranken der Einwanderungsgesetzgebung passieren und sich registrieren lassen.

Fotos von Lewis Hine (1874 – 1940) dokumentieren die Ankunft der Immigranten auf Ellis Island. Die kleine Insel vor den Toren New Yorks wurde ab 1892 als Landestation und Registrationsstelle für die zahllosen Einwanderer genutzt. Hines Bilder offenbaren einerseits, wie erschöpft und entkräftet die Menschen waren, und zeigen andererseits, mit welch hoffnungsvoller Erwartung und Zuversicht sie das „verheißene Land" betraten:

Eine besorgte Mutter auf der Suche nach ihrem verlorengegangenen Gepäck steht mit ihren drei Kindern vor einem riesigen Berg aus Kisten und Körben. Verängstigt und ausgelaugt, unsicher, ratlos und fragend schauen alle vier in

Italienische Familie bei der Ankunft auf Ellis Island. Fotografie von Lewis Hine, 1905.

Im Wartesaal auf Ellis Island. Fotografie von Lewis Hine, 1905.

Auf dem Weg zur Registration. Fotografie von Lewis Hine, 1905.

die Kamera. Jedoch scheint nicht alles verloren. Vor ihren Füßen befindet sich ein heller Lederkoffer. Notdürftig ist er mit Seilen zusammengebunden, trägt ein handschriftliches Signet – vermutlich der Name der Mutter.

Andere Fotos zeigen Männer in dunklen Anzügen, mit Hüten und Mützen bekleidet, wie sie auf ihren Koffern sitzen und auf die Registration oder Weiterreise warten. Entschlossenen Schrittes tragen wieder andere ihre Körbe und Taschen eine steile Treppe hinauf. Sie scheinen glücklich angekommen zu sein und voller Erwartungen auf das Bevorstehende.

Die Ankunft in den Vereinigten Staaten von Amerika stellte demnach nicht nur einen rein somatischen Eintritt in eine neue Welt dar, sondern rief in den Betroffenen auch ein Konglomerat von verschiedensten Gefühlen und Emotionen hervor. Momente der Ratlosigkeit und Niedergeschlagenheit verbanden sich mit Glück, Zufriedenheit, Hoffnung. Da sich in den Hafenstädten zahlreiche Gauner tummelten und die überwiegende Zahl der Einwanderer weiter ins Landesinnere reiste, waren die Anstrengungen mit dem Eintreffen in New York, Boston oder New Orleans jedoch nicht vorüber. Ebenso wie in den Hafenstädten Europas hatte sich auch in den Vereinigten Staaten von Amerika rund um die Einwanderung ein Gewerbe aus Gasthäusern und Transportgesellschaften gebildet. Sogenannte „Runner" erschlichen sich häufig das Vertrauen der Neuankömmlinge und schleppten sie in übertreuerte Gasthöfe. Wieder bestand die Gefahr, das Gepäck gestohlen zu bekommen oder Betrügern aufzusitzen. Gleichwohl wurde mit der glücklichen Landung und der Aufnahme ins „gelobten Land" bereits ein großer Traum der Aus- beziehungsweise Einwanderer Realität. Denn nun konnten sie ihr Leben in die eigenen Hände nehmen – unabhängig von politischen und religiösen Sanktionen, von feudaler Misswirtschaft und Unterdrückung. Endlich sollten sie die Möglichkeit haben, ein menschenwürdigeres Leben zu führen und die Früchte von Mühe und Arbeit selber zu ernten. Für viele der Auswanderer erfüllte sich dieser Wunsch. Häufig erwarben sie das ersehnte Stück Land, erbauten ihre eigenen Häuser, Straßen und Siedlungen.

Hoffnungsträger Die Mehrzahl der Auswanderer verband mit Amerika Freiheit und Gerechtigkeit. Armut und Unterdrückung sowie der Zweifel daran, dass es in Deutschland je besser werden würde, gaben den Ausschlag dazu, das Heimatland zu verlassen. Auch die Sehnsucht nach einem glücklichen, unabhängigen Dasein spielten eine große Rolle. Folgende Worte aus H. Georgs „Tagebuch eines Auswanderers" verdeutlichen dies: „Allein mehr und mehr sah ich meinen Hoffnungsstern auf ein besseres Gedeihen des Vaterlandes erbleichen und immer lebendiger ward die Überzeugung in mir, daß hier wenig mehr zu suchen und wenig zu verlieren sei. Wohlauf denn, rief mir eine innere Stimme zu, wohlauf nach dem Lande in welchem, wenn auch nicht ‚Milch und Honig fließt', doch bei gesunden Armen und bei Liebe zur Thätigkeit ein glücklicheres Loos, als diesseits des Ozeans winkt, – wohlauf nach Westen!"

Unter Berücksichtigung dieser Umstände sind die Kisten und Koffer der Auswanderer nicht nur Zeichen des endgültigen Abschieds von der Heimat, sie erzählen auch von einer ebenso gefahrvollen wie anstrengenden Reise, sind gleichzeitig Glücks- und Erfolgssymbole einer „neuen Welt". Vor allem aber signalisieren sie das „Prinzip Hoffnung". Denn letztlich war der Glaube an eine bessere, gerechtere Welt stärker in dem Bewusstsein der Auswanderer verankert als die Angst vor der strapaziösen Reise und der Ungewissheit ihrer Zukunft. Die Hoffnung verhalf ihnen nicht nur dazu, die schmerzliche Trennung von der vertrauten Heimat zu überwinden. Die Hoffnung verlieh ihnen vielmehr die Kraft und den Willen, die Anstrengungen und Gefahren der Überfahrt auf sich zu nehmen und diese zu überstehen. Ganz gleich, ob Tagelöhner oder Handwerker, Magd oder Knecht, Familie oder Einzelperson – in ihrem Gepäck trugen sie letztlich alle eine Riesenportion Hoffnung mit sich.

Kofferwelten
Erscheinungsformen des Reisebegleiters

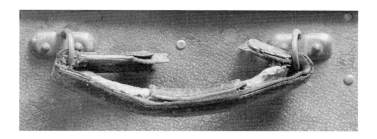

„Vom Feinsten"
Bürgerliches Reisegepäck aus England, Frankreich und Deutschland seit dem Beginn des 19. Jahrhunderts

„Seit die Reise bequem geworden ist, führt sie nicht mehr so weit. Sie nimmt mehr häuslich Gewohntes mit und dringt in den Landes Brauch noch weniger ein als früher."[19]
Ernst Bloch

Bislang galt das Interesse vor allem denjenigen Behältnissen, die das Notwendigste in sich bargen. Im Folgenden sollen Einblicke in luxuriöse Ausstattungen von Vergnügungs- und Bildungsreisenden gewährt werden. Mehrere deutsche Museen sowie Privatsammlungen verfügen über umfangreiche Konvolute an Gepäckstücken und Reiseutensilien des Bürgertums[20]. Mittels einer Fülle verschiedenster Reisebehältnisse gestatten beispielsweise das Ledermuseum in Offenbach sowie das Schleswig-Holsteinische Landesmuseum genaue Einblicke in die bürgerliche Sach- und Reisekultur des 19. und 20. Jahrhunderts. Mindestens ebenso bemerkenswert wie profund ist die Sammlung des Gepäckherstellers Bree in Isernhagen. Der Fundus an zahllosen Koffern und Taschen vermittelt einen Eindruck von bürgerlichen Reiseaktivitäten und gibt Aufschluss über das Selbstverständnis einer ganzen Gesellschaftsschicht.

Von enormer Vielfalt, lösen die Objekte schon beim flüchtigen Betrachten eine gewisse Faszination aus. Allein die verschiedenen Größen und äußeren Formen regen zu vielerlei Spekulationen über Inhalte und Verwendungszwecke an. Da lassen sich große und kleine Behältnisse finden, hohe und flache, breite und schmale. Während einige Objekte noch die recht wuchtige Form einer Truhe aufweisen, sind andere bereits aus zwei flachen, aufeinanderliegenden Schalen gefertigt. Wieder andere haben eine zylinderähnliche Form oder gleichen einem Quader. Auch die Materialien weisen eine Bandbreite auf, die vielfältiger kaum sein könnte. Sie reichten von Leinenstoff über Leder und Holz bis hin zu Weidengeflecht. Schnallen und Riemen, Schlösser und Schnappverschlüsse, Leisten und Nieten dienen dem Halt und Verschluss der Behältnisse.

Transparent werden die unterschiedlichen äußeren Erscheinungsformen jedoch erst im Hinblick auf das Innenleben der Objekte. Denn es sind nicht ausschließlich Reise-

Reisenessaire in Taschenform, 19. Jahrhundert.

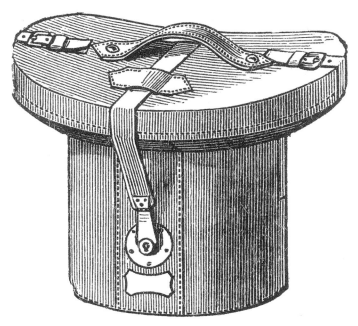

Zylinderhutschachtel, 19. Jahrhundert.

koffer, sondern auch Hutschachteln, Necessaires und Picknickkoffer, welche in den erwähnten Museen zumeist nebeneinander exponiert sind. Beim Öffnen der Behältnisse ist erkennbar, welcher Ideenreichtum, welche Finesse und welches handwerkliche Geschick im Inneren verborgen sind. Im Regelfall sind zahlreiche Fächer, Laschen und Schubladen vorhanden, in denen Kleidungsstücke, Hüte oder andere Utensilien verstaut werden können. Im Interieur eines Picknickkoffers hat jeder einzelne Teller, jeder Becher, ja sogar jeder Löffel seinen eigenen ihm zugedachten Platz. Und auch in den Necessaires findet eine jede Dose und jeder noch so kleine Flakon seinen passgerechten immanenten Stauraum. Gehäuse und Kern gehören gleichsam zusammen und sind untrennbar miteinander verbunden. Viele der Behältnisse rufen beim Betrachter gerade wegen dieser Verschmelzung von Verpackung und Inhalt Erstaunen hervor. Ansatzweise lässt sich daraus auch erklären, warum insbesondere Sonderanfertigungen mit so kuriosen Inhalten wie beispielsweise einem Bett, einer Apotheke oder einer Toilette bei Liebhabern und Museumsfachleuten zu begehrten Sammel- und Ausstellungsobjekten geworden sind.

Picknickkoffer mit Spirituskocher, Kanne und Teetassen. Enland, um 1860.

Es wäre verwegen zu meinen, das bürgerliche Gepäck im Rahmen eines einzigen Kapitels in seiner Bandbreite erfassen und ergründen zu können. Zu groß ist die Zahl der Gestaltungs- und Funktionsmittel, zu vielfältig sind auch die

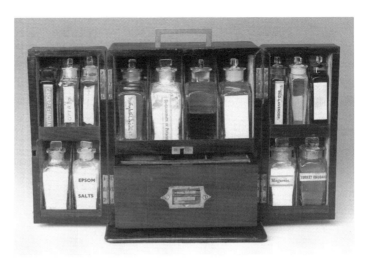

Reiseapotheke mit Medizinflaschen und Zubehör. England, um 1860.

Reisetoilette, 18. Jahrhundert.

verschiedenen Verwendungsarten. Da aber gerade die Vielfalt Faszination und Begeisterung auslöst, und in der Mannigfaltigkeit ein wesentlicher Schlüssel zum Verständnis der bürgerlichen Reisekultur liegt, möchte ich im Folgenden ein breites Spektrum an Gepäckstücken einbeziehen. Wenn dabei nicht alle Aspekte und Hintergründe aufgezeichnet werden können, so doch die wesentlichen.

Divergenzen und Neuerungen Beim Vergleich von Gesindetruhe und Auswanderergepäck mit den bürgerlichen Gepäckstücken ist schnell festzustellen, dass zwar die eine oder andere Parallele besteht, letztlich aber mehr Unterschiede zu verzeichnen sind als Gemeinsamkeiten. Waren die Gesindetruhen aus Weichholz gefertigt, so tauchen bei den bürgerlichen Gepäckstücken hochwertige Stoffe und Materialkombinationen aus Hartholz, Leder und Tuch auf. Dem frugalen Interieur einer gewöhnlichen Auswandererkiste stehen komplexe Innenausstattungen von Necessaires und Picknickkoffern gegenüber. Wie bereits angeklungen, unterscheiden sich auch oder vor allem die äußeren Formen. Zwar lassen sich bei den bürgerlichen Gepäckstücken ebenfalls Behältnisse in Form einer Truhe finden, jedoch ist der Großteil durch eher zierliches und handliches Design geprägt. So könnte das Ergebnis eines Vergleichs – grob vereinfacht – lauten: Obgleich Gesindetruhen, Auswandererkisten und Gepäckstücke des Bürgers aus denselben zeitgeschichtlichen Epochen stammen, nämlich dem 19. und beginnenden 20. Jahrhundert, weisen sie frappierende Divergenzen auf. Sie unterscheiden sich sowohl in Aufbau

Handschrankkoffer mit Kleiderstangen und Holzbügeln, Ende 19. Jahrhundert.

und Form als auch in Materialien und Innenleben. Fast überflüssig zu erwähnen, dass die Antagonismen und die Vielfalt der bürgerlichen Gepäckstücke sehr heterogene Arten des Fortkommens und Reisens markieren. Es stellt sich aber die Frage, worin die Divergenzen genau begründet liegen, und welche Zusammenhänge zwischen den Reiseformen und den Behältnissen bestehen.

Unter Berücksichtigung der Gepäckbezeichnungen kristallisieren sich bereits einige wesentliche Abhängigkeiten heraus: Während die Bezeichnungen „Auswandererkiste", „Gesinde-" oder „Dienstbotentruhe" Bezug nehmen auf die jeweiligen Besitzer und somit eher pauschalisierenden Charakter haben, legen die Benennungen der bürgerlichen Reisebehältnisse präzise und differenzierende Bezüge offen. So zielt beispielsweise die Bezeichnung „Picknickkoffer" konkret auf einen Gebrauchs-und Verwendungszweck ab. Die

"Kutschen-", "Bahn-" und "Autokoffer" signalisieren eine Abhängigkeit von den jeweiligen Verkehrsmitteln. Zu guter Letzt verdeutlichen "Hutschachtel", "Reiseapotheke" oder "Reiseschreibpult" eine Adaption von Gehäuse und Inhalt. Die Mannigfaltigkeit der Gepäckstücke ergibt sich demnach aus diversen für das Bürgertum möglichen Nutzungsformen, Inhalten und Transportmitteln.

Für die Konstruktion und Herstellung der Behältnisse war offensichtlich ein Punkt von essentieller Bedeutung: die Reduktion von Gepäckvolumen und -gewicht. Handlich, zweckmäßig und dennoch exklusiv mussten die Behältnisse sein, um den Ansprüchen des Bürgers gerecht zu werden. Da viele der Koffer die französische Bezeichnung "Necessaire" tragen – im Deutschen 'das Notwendige', bleibt zu vermuten, dass die Idee der vermeintlichen 'Beschränkung auf das Erforderliche' aus Frankreich stammt und von deutschen Herstellern übernommen wurde. Doch auch von englischer Seite dürften wesentliche Impulse für Konzeption und Gestaltung des Reisegepäcks ausgegangen sein. Hierfür spricht die Bezeichnung "suit-case" – ein Wort, das laut Webster's College Dictionary sowohl "passend" als auch "Ausrüstung" meint. Das englische "suit-case" impliziert somit den Gedanken der Passgenauigkeit von Verpackung und Inhalt. Schließlich zielen beide Impulse, die Restriktion auf das vermeintlich Notwendige wie auch die Anpassung der äußeren Formen an die Inhalte, auf eines ab, nämlich die Verminderung des Gepäckumfangs. Verbunden damit ist freilich auch der Aspekt Bequemlichkeit auf Reisen. Bevor allerdings auf diesen sehr wesentlichen Punkt eingegangen wird, sollen zunächst Herkunft und Produktionsgeschichte beleuchtet werden. Anschließend werden die wichtigsten Abhängigkeiten zwischen Objekten und bürgerlichen Reiseaktivitäten erörtert. Neben den verschiedenen Nutzungsformen wird dabei vor allem die Modifikation im Zuge des sich verändernden Verkehrswesens zu untersuchen sein.

Herkunft und Produktionsgeschichte Die Gepäckstücke aus oben erwähnten Sammlungen sind häufig mit Monogrammen oder Inschriften versehen. Diese befinden sich zumeist auf den Deckeln oder an den Verschlussvorrichtungen. Als Gravur oder in Form von Goldprägebuchstaben angebracht, geben sie Aufschluss über Besitzer, Hersteller und Verwendungszeitraum. Der Großteil der Behältnisse stammt demnach tatsächlich aus England und Frankreich. Aber auch Objekte mit deutscher Herkunft sind in nennenswerter Stückzahl vorhanden. Neben den unzähli-

Werkstatt eines Truhen- und Koffermachers. Diderot/d'Alembert, Encyclopédie, Tafelband. Paris 1763.

gen europäischen Fabrikaten lassen sich in den Museen vereinzelt auch solche aus Amerika und Asien finden.

Doch nicht nur die Herkunft der Objekte, vor allem die Entwicklungsgeschichte der Gepäckherstellung liefert wesentliche Anhaltspunkte zu den sozioökonomischen Veränderungen im 19. Jahrhundert. Die Produktionsgeschichte gibt Aufschlüsse über den Industrialisierungsprozess und dessen weitreichende Folgen in Bezug auf die Arbeitsorganisation: Zu Beginn des Jahrhunderts wurden Koffer ausschließlich manuell gefertigt. Wie aus dem „Vollständigen Handbuch für Sattler, Riemer und Täschner" ersichtlich ist, produzierten anfänglich kleine Handwerksbetriebe von Sattlern und Koffermachern die Behältnisse. Seit der Mitte des 19. Jahrhunderts stellten die sogenannten „Koffermacher" sogar eine eigene Handwerksprofession dar. Werbeangaben zufolge ist die Begründung des Berufsstandes auf den französischen Gepäckproduzenten Louis Vuitton zurückzuführen.

Im Lauf der Zeit hielt schließlich die Technik Einzug in die Kofferproduktion. Ebenso wie in anderen Produktionszweigen zählt die Einführung der Dampfmaschine zu den größten und folgenschwersten Errungenschaften. Gegen Ende des 19. Jahrhunderts entstanden eigene Kofferfabriken, ein ganzer Industriezweig entwickelte sich. Dieser übernahm nicht nur die Produktion der Gepäckstücke, sondern regelte auch Vertrieb und Verkauf der Fabrikate.[23]

Zweifelsohne hat diese Entwicklung gravierende Spuren hinterlassen. Nicht nur, dass fortan größere Stückzahlen

Holzin-Werbeanzeige. Die Woche, 1913.

produziert werden konnten, auch Arbeitsprozesse und -abläufe wurden völlig transformiert und rationalisiert[21]. Während an der traditionellen Kofferherstellung auch Tischler und Schlosser beteiligt waren[22], wurden die verschiedenen Arbeitsschritte in den neu entstandenen Fabriken gebündelt und zusammengefasst. Die personelle und räumliche Trennung der verschiedenen Arbeits- und Produktionsbereiche wurde gleichsam aufgehoben. Ferner wurde im Zuge der Industrialisierung der Weg vom individuellen, in Handarbeit gefertigten Koffer hin zur Massenware geebnet.

Besonderes Augenmerk lag außerdem auf Entwicklung und Erprobung neuer Werkstoffe. Diese mussten einerseits stabil sein, um die kostbaren Reiseutensilien angemessen zu schützen, andererseits aber sollten sie möglichst leicht sein, um das Gesamtgewicht des Koffers zu minimieren. Darüber hinaus wurden immer raffiniertere Mechanismen erfunden, welche das Verstauen von großen und kleinen Gegenständen ermöglichen und vereinfachen sollten. Dies alles geschah vor dem Hintergrund, dem Kunden das Reisen mit Gepäck so angenehm wie möglich zu gestalten. Schließlich wurden durch die Orientierung am Kundenwunsch höhere Absatzzahlen erreicht und eine Gewinnmaximierung erwirkt.

Exkurs: Kofferfabrikanten

Viele der im 19. Jahrhundert gegründeten Kofferfabrikationen zählen auch in unserer Zeit noch zu den Marktführern der Gepäckbranche. Selbstbewusst und voller Stolz blicken sie auf ihre lange Tradition zurück. Sie verweisen dabei gerne auf historische Innovationen und Besonderheiten ihrer Gepäckstücke.[24] Berechtigterweise – wie man unumwunden zugeben muss. Scheinen doch die Individualität der Produktlinien, die Neuerungen auf dem Gebiet der Werkstoffkunde sowie die Erfindung Platz sparender Verpackungssysteme wesentliche Kriterien für den Absatz der Koffer zu sein – damals wie heute. Um einen Eindruck von den Firmengründern und deren Produktionen zu vermitteln, sollen aus der Vielzahl der Unternehmen zwei der etablierten herausgegriffen und kurz vorgestellt werden. Es handelt sich zum einen um die deutsche Firma Moritz Mädler und zum anderen um den französischen Hersteller Louis Vuitton. Durch neue Ideen und unverkennbare Gestaltungsmittel gelangten beide Unternehmen bereits in der zweiten Hälfte des 19. Jahrhunderts zu Weltruhm.

Wie aus einem Firmenprospekt hervorgeht, begann die Mädlersche Unternehmensgeschichte bereits im Jahre 1850 in Leipzig. Nach neun Lehr- und Wanderjahren gründete der aus dem sächsischen Wurzen stammende Schreiner Carl Moritz Mädler am Marktplatz der Messestadt sein erstes Koffergeschäft mit eigener Fabrikation. Dank zentraler Lage und jährlich stattfindender Messen konnte das Kofferhaus rasch eine große Zahl von Geschäftsreisenden und Kaufleuten als Kunden gewinnen. Mädler richtete seine Produktpalette an genau diesem Käuferkreis aus, sodass die „Musterkoffer für Handelsreisende" rasch zu einer seiner Spezialitäten avancierten. Hierbei dürfte es sich um Koffer

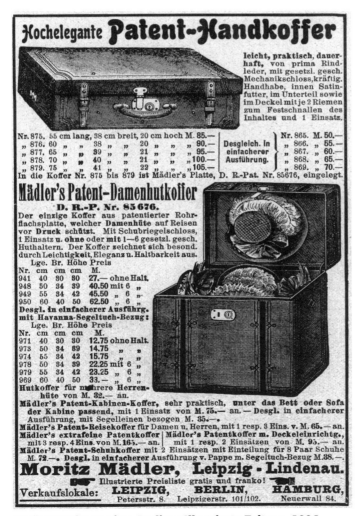

Mädler-Werbeanzeige. Berliner Illustrierte Zeitung, 1906.

Ausschnitt aus der Patentschrift für das Rohrplattengewebe vom 23. Dezember 1894.

von Geschäftsvertretern gehandelt haben, die in ihrem Innern 'Musterwaren' für Präsentationen beim Kunden enthielten. Darüber hinaus produzierte er vor allem Reisekoffer aus Holz, bezogen mit Segeltuch.

Im Jahre 1880 übernahm der Sohn des Gründers, Paul Moritz Mädler, das florierende Unternehmen. Nachdem die Produktion stetig erweitert wurde und neue Geschäftsräume hinzu kamen, verlagerte Paul Moritz 1886 die Fabrikation an den Stadtrand nach Leipzig-Lindenau. Er errichtete eine „mit Dampfbetrieb"[25] ausgestattete Fabrik, in der, laut Sigrid Barten, rund 300 Arbeiter mit der Herstellung von Koffern und Taschen beschäftigt waren. Nachfolgend wurden neue Verkaufsflächen in Berlin (1883), Hamburg (1894), Frankfurt am Main[26] und Köln (1911) eröffnet. Die Wahl zentraler Handels- und Messestädte als Standort lässt erkennen, dass Mädler insbesondere auf die Käuferklientel der Handlungsreisenden setzte.

Mädler-Werbeanzeige. Die Woche, 1913.

Entscheidend zum Firmenerfolg beigetragen hat dann auch „Eine Erfindung mit großer Tragweite – Mädlers Rohrplattengewebe"[27]. Hierbei handelt es sich um ein besonders leichtes, relativ elastisches und dennoch stabiles Geflecht aus Textilfasern, Holz und Schilfrohr. 1894 ließ sich Paul Moritz Mädler das „Rohrplattengewebe" patentieren[28] und konnte sich somit einen beachtenswerten Vorteil gegenüber den sehr schwergewichtigen hölzernen Konkurrenten verschaffen. Bis zum Jahre 1906 wurde sowohl die Belegschaft als auch die Produktionsfläche nahezu verdoppelt und ein Dampfsägewerk mit eigener Großtischlerei in Leutsch bei Leipzig errichtet.

Mit Hermann Moritz Max Mädler übernahm 1908 nunmehr die dritte Generation die Unternehmensführung; bereits 1930 folgte dessen Sohn Edgar Moritz Mädler. Nachdem Fabrikanlagen und Hauptverkaufsfilialen in Leipzig, Berlin und Frankfurt am Main während des Zweiten Weltkriegs ausgebombt und völlig zerstört worden waren, verlegte Edgar Moritz Mädler den Firmensitz ins hessische Offenbach, von wo aus er seine Erfolgsgeschichte fortschreiben konnte. Mädler richtete seine Gepäckstücke sehr stark an den Erfordernissen der Verkehrsmittel aus und produzierte seit 1953 auch Kunststoff-Schalenkoffer für Flugreisen. In Kooperation mit der Deutschen Lufthansa konstruierte die Firma Mädler das 'Bordcase' – eine kleine Koffertasche, deren Format exakt dem Stauraum einer Flugzeug-Gepäckablage entspricht. Dank dieser und anderer Innovationen avancierte Mädler zum international renommierten Unternehmen, welches bereits in den 70er Jahren auch in Übersee vertreten war.

Nahezu zeitgleich mit Carl Moritz Mädler legte auch der aus dem französischen Jura stammende Louis Vuitton den Grundstein für seine Kofferproduktion. Vuitton, Sohn eines Müllers, ging 1837 nach Paris, um dort eine Lehre als Kofferpacker zu absolvieren. Ebenso wie der Koffermacher stellte auch der Kofferpacker bis zur Jahrhundertwende eine eigene Profession dar. Er war Dienstleister und wurde von Adligen und Bürgern einzig zum Zwecke des Kofferpackens engagiert. Wie in einer Firmenschrift zu lesen ist, haftete Vuitton schnell der „Ruf des Geschicktesten und Gewissenhaftesten seines Handwerks" an. Er beherrschte sein Metier so brillant, dass Kaiserin Eugénie ihr Reisegepäck ausschließlich von ihm vorbereiten ließ.

Nach jahrelanger Berufspraxis als Kofferpacker fasste Louis Vuitton 1854 den Entschluss, sich selbständig zu machen und eigenständig Koffer herzustellen. In der Pariser Rue Neuve des Capucines eröffnete er sein erstes Geschäft

Mädler-Werbeanzeige für den neuen Luftkoffer. Constanze, 1950.

Porträt des Gepäckherstellers Louis Vuitton.

Vuitton-Koffer mit wasserfestem Leinenbezug, 1854.

Verschiedene Leinenmuster aus dem 19. Jahrhundert.

mit Produktionswerkstatt. Schnell verhalf ihm sein geschulter Blick zu bemerkenswertem Erfolg. Louis Vuitton baute verhältnismäßig leichte, stapelbare Koffer, die mit leimgetränktem Leinen bezogen waren – ein Verfahren, das den Inhalt der Gepäckstücke vor Wettereinflüssen schützte. Während das Interieur durch lose eingesetzte Laden unterteilt war, wurde der äußere Rahmen durch Eichenlatten und Metallbeschläge verstärkt. Diese dienten gleichzeitig zum Schutz der imprägnierten Stoffflächen.

1860 verlegte Vuitton die Produktion nach Asnières bei Paris, wo die Firma auch heute noch ihren Sitz hat und ein eigenes Museum betreibt. Im Jahre 1865 griff Louis Vuitton die Idee des englischen 'suit-cases', also des Handkoffers, auf und produzierte fortan auch sehr flache Koffer aus zwei aufeinanderliegenden Schalen. Für die Wände der Behältnisse verwendete er zumeist dünnes, biegsames Pappelholz. Die Korpusrahmen überzog Vuitton weiterhin mit Leinen beziehungsweise Segeltuch – eine Methode, die bei Kunden und Käufern offensichtlich großen Anklang fand und bald von anderen Herstellern übernommen wurde. Um sich dennoch von der Vielzahl seiner Konkurrenten abzusetzen, entwarf Louis Vuitton für seine Stoffbezüge verschiedene

Muster aus Streifen und Karos. Zwischen 1873 und 1876 diente ihm beispielsweise ein beigefarbenes Leinen mit roten Streifen als Signet. Die verschiedenen Stoffmuster wurden gleichsam zum Markenzeichen des Hauses Vuitton.

1885 richtete Louis Vuittons Sohn Georges die erste ausländische Filiale in London ein. Ebenso wie sein Vater befasste sich auch Georges intensiv mit den Mustern der Leinenbezüge. Rechtzeitig zur Pariser Weltausstellung 1889 entwarf er einen neuen Stoff im Schachbrettmuster, der die Inschrift trug „Louis Vuitton, marque déposée". Der Name des Produzenten wurde somit erstmals augenfällig nach außen getragen. Aus heutiger Sicht eine clevere Vermarktungsstrategie, da die Koffer direkt mit ihrem Hersteller in Verbindung gebracht werden konnten. Vuitton nutzte seine eigenen Produkte als Werbefläche – ein Verfahren, das letztlich auch davon zeugt, dass der Produzent von der Exklusivität seiner Fabrikate überzeugt war.

Verschiedene Koffermodelle im „Monogramm-Canvas"-Design, um 1900.

Patentiertes Sicherheitsschloss von 1890.

1890 wurde Georges Vuitton Teilhaber der Firma. Im selben Jahr ließ er – wie aus der Firmenschrift „Die Kunst des Reisens" ersichtlich ist – ein diebstahlsicheres Schloss patentieren, das es ermöglichte, alle Teile einer persönlichen Kofferserie mit einem einzigen Schlüssel zu verschließen. Da gegen Ende des 19. Jahrhunderts die Nachfrage nach 'ausgefeilten' Gepäckstücken mit Hängevorrichtungen, Fächern und Schubladen enorm anstieg, nahm Vuitton schon damals zahlreiche Aufträge für Sonderanfertigungen entgegen. Im Jahre 1896 entwarf Georges Vuitton ein neues Stoffmuster: ein „Streumuster in Beige vor dunkelbraunem Grund mit stilisierten Blüten und den Initialen LV"[29]. Mit dem neuen Muster änderte sich auch das Material. Vuitton verwendete als Bezugsstoff fortan gewebte Baumwolle, die mit Hilfe eines Lackes wasserfest gemacht wurde. Das sogenannte 'Monogramm Canvas' ist seither unverändert und besetzt auch heute noch die etwas kostspieligeren Gepäckstücke des Hauses Vuitton.

Einer der größten Erfolge nach der Jahrhundertwende war die Eröffnung eines neuen Geschäftshauses auf dem Pariser Champs-Elysées im Jahre 1914. Mit einer Fläche von 1200 Quadratmetern war dies das weltweit größte Geschäft für Reisekoffer und Reiseartikel. Gaston Vuitton, Enkel des Firmengründers und Sohn von Georges Vuitton, übernahm die Kofferfabrik in der dritten Generation. Unter seiner Führung realisierte die Firma insbesondere in den 20er Jahren zahllose Sonderanfertigungen für reiche Industrielle sowie für Stars aus Film und Theater. Im Laufe der folgenden Jahrzehnte erweiterte und verfeinerte die Firma Vuitton ihre Produktpalette stetig und konnte bis in die 80er Jahre des 20. Jahrhunderts ein Netz von zahlreichen Geschäften rund um den Globus aufbauen. Das Unternehmen verfügt heute über mehrere Produktionsstätten in Frankreich und Amerika. Nicht zuletzt wird Louis Vuitton in den Medien – so beispielsweise in einem Artikel des Welt-Report – als „König des Reisegepäcks" bezeichnet.

Mädler und Vuitton nehmen in der Geschichte des Reisekoffers einen besonderen Stellenwert ein. Sie führten neue Materialien und Werkstoffe ein, veränderten Farben und Formen ihrer Produkte, revolutionierten das Design und verstanden es, neue Ideen erfolgreich umzusetzen.

Der Käuferkreis Der sich rasch einstellende Erfolg der Kofferfabrikanten ist freilich nicht allein auf deren großartige Erfindungen zurückzuführen. Vielmehr zeugt er davon, dass ein entsprechend großer Käuferkreis vorhanden war.

Dieser konnte sich nur aus wohlhabenden Bürgern rekrutieren. Schließlich zeichneten sich besagte Koffer und Taschen durch Exklusivität sowie außergewöhnliches Design aus. Wie man alten Werbeanzeigen entnehmen kann, waren die Preise entsprechend hoch, sodass die Koffer nicht für jedermann erschwinglich waren. Wie ich bereits erwähnt habe, zählten zu den Abnehmern der Koffer viele Handels- und Geschäftsreisende. Doch auch Bildungsbürger, Forschungsreisende, Besitz- und Kleinbürger gehörten zu jenem Kundenstamm. Sie alle reisten im 19. Jahrhundert aus unterschiedlichen Gründen, führten dabei verschiedene Koffer und Reiseutensilien mit sich.

Die Gesellschaft war zunehmend mobiler geworden – nicht nur in physischer, sondern auch in politischer und ökonomischer Hinsicht. Der mit der Aufklärung verbunde-

Mädler-Werbeanzeige. Berliner Illustrierte Zeitung, 1906.

ne Bildungsgedanke schlug sich in bürgerlichen Reiseaktivitäten ebenso nieder wie der Wandel von einer Agrar- zur Industriegesellschaft. Jedoch war man nicht mehr nur aus geschäftlichen Gründen unterwegs, man trat vor allem auch Bildungs-, Bäder- und Vergnügungsreisen an. Zu den vom deutschen Bürgertum am häufigsten frequentierten Reisezielen zählten neben Italien und Frankreich auch die Schweiz und England. Im Zuge des 19. Jahrhunderts nahm dann auch die Zahl reisender Frauen zu. An der Schwelle zum 20. Jahrhundert brach unter den Bürgerinnen und Bürgern ein regelrechter „Reiseboom" aus.

All diese Veränderungen spiegelten sich auch im Gepäck wider. Nachfolgend sollen daher einige Gepäckstücke herausgegriffen werden, anhand derer die vielfältigen Reiseaktivitäten der bürgerlichen Gesellschaft deutlich abzulesen sind. Das allgemeine Selbstverständnis des Bürgers soll dabei ebenso eine Rolle spielen wie dessen Normen und Wertvorstellungen.

Kutschenkoffer in Leichtbauweise, um 1870.

Postkutsche, Anfang 19. Jahrhundert.

Kutschen-, Bahn- und Autokoffer Charakteristisch für die sogenannten Kutschenkoffer ist ihre schlichte Form. Der Korpusrahmen ähnelt einer Truhe mit gewölbtem Deckel, ist aber in seinen Ausmaßen wesentlich kleiner als beispielsweise die Gesindetruhe. Auch die Machart ist eine andere: Im Gegensatz zur Truhe sind Kutschenkoffer in Leichtbauweise aus Weidenruten geflochten. Die Rahmen sind außen mit groben Leinenstoffen bespannt, welche mit Teerfarbe oder Lack überzogen sind. Während sich an den Seitenwänden jeweils ein Griff befindet – zumeist aus Leder – ist an der Frontseite ein Verschlusssystem aus Lederriemen und einem Schloss befestigt.

Je nach Art der Kutsche wurden die Koffer entweder auf dem Dach, seitlich oder hinten auf separaten Gepäckeinrichtungen transportiert. Der gewölbte Deckel sowie der Farb- beziehungsweise Lackanstrich dienten demnach dem Schutz vor den Unbilden der Witterung und waren speziell für den Außentransport konzipiert. Regenwasser konnte

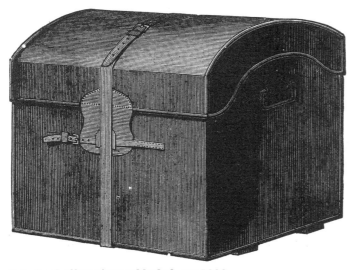

Kutschenkoffer mit Runddeckel, um 1880.

ablaufen, und der Inhalt der Behältnisse blieb vor dem Eindringen von Wasser geschützt.

Die Leichtbauweise der Koffer lässt darauf schließen, dass in der öffentlichen Postkutsche nur eine begrenzte Menge an Gepäck mitgeführt werden konnte. Ähnlich wie im heutigen Luftverkehr, wurde der Fahrgast beim Überschreiten eines vorgegebenen Gewichts zusätzlich zur Kasse gebeten, was den ohnehin sehr hohen Fahrpreis nochmals maximierte. Reiseanleitungen empfahlen daher, den Gepäckumfang auf ein Mindestmaß zu reduzieren.

Hinzu kam, dass das Gepäck häufig verladen wurde. Dies lag zum einen daran, dass die Reisedauer zumeist mehrere Tage betrug, demnach auch mehrfach Zwischenstation gemacht werden musste. Zum anderen fuhren die Postkutschen auf ihren festgelegten Routen verschiedene Relaisstationen und Gasthäuser an. Neben den Pferden wurden dabei anfänglich auch noch die Wagen selbst ausgetauscht, was ein Umladen des Gepäcks mit sich brachte. Mit dem Einsatz sogenannter „Beichaisen"[30], welche das schwere Gepäck aufnahmen, der Postkutsche vorauseilten oder ihr nachfolgten, wurde später auch die Anzahl der Verladungen reduziert. Gleichzeitig erhöhte sich aber auch das Risiko des Verlusts. Der Reisende trug fortan nur noch ein kleines Handgepäckstück bei sich und konnte den Transport seines großen Gepäcks nicht mehr überwachen. Doch die Gefahr, bestohlen zu werden, war bei Reisen mit der Kutsche ohnehin groß. Von jeher wurden Postkutschen gerne überfallen und von räuberischen Banden geplündert. Die Zahl der Postraube mehrte sich insbesondere in Zeiten allgemeinen Elends und Hungersnöten – eine Tatsache, die für die extremen Sozialstrukturen des 18. und 19. Jahrhunderts charakteristisch ist. So waren auch Personen, die mit ihrer eigenen Kutsche reisten, vor derlei Gefahren nicht gefeit. Wie Wolfgang Griep in seinem Buch „Vom Reisen in der Kutschenzeit" anschaulich dargestellt hat, kam es vor, dass Räuber in Gasthöfe eindrangen und Reisende im Schlaf beraubten.

Räuber überfallen eine Postkutsche.

Die Verschlusssysteme der Kutschenkoffer wirken angesichts solcher Überfälle wie misslungene Versuche eines bürgerlichen Protektionismus gegenüber Fremden, Armen und Mittellosen. Denn letztlich verstanden es die Eindringlinge sehr wohl, die Schlösser zu knacken und sich dessen zu bemächtigen, woran es ihnen fehlte. Die Verschlussvorrichtungen der Koffer müssen im weitesten Sinne also auch als Zeichen einer zutiefst sozial gespaltenen Gesellschaft interpretiert werden.[31]

Die Kutschenkoffer fanden ebenso lang Verwendung wie Fiaker und Droschken im Einsatz waren – also auch noch

Vuitton-Koffertruhe von 1876.

am Ende des 19. und zu Beginn des 20. Jahrhunderts.[32] Parallel dazu bildeten sich seit der Mitte des 19. Jahrhunderts jedoch noch ganz andere Koffertypen heraus. Louis Vuitton sowie die amerikanische Shwayder Trunk Manufacturing Company produzierten äußerst robuste, lange Koffertruhen mit einem flachen Deckel sowie seitlichen Griffen. Diese waren von außen mit Holzleisten verstärkt und hatten im Interieur häufig Einsätze und Trennwände.

Eine Neuerung ganz anderer Art stellte der „Handkoffer" dar. Seit Ende des 19. Jahrhunderts in Gebrauch, löste er erstmals die Truhenform ab. Der Handkoffer zeichnet sich vor allem durch seine flache Gestalt aus – eine Form, die auf unsere heutigen Reisekoffer nachhaltigen Einfluss ausübte und nach wie vor sein Erscheinungsbild prägt. Die

Handkoffer mit Falte und Doppelgriff, um 1900.

Handkoffer sind aus zwei aufeinanderliegenden Schalen gefertigt, wobei das verwendete Material fast ausschließlich Leder ist. Verschiedene Vorrichtungen aus Schnallen, Lederriemen und Schlössern dienen dem Halt und Verschluss der Koffer. Im Gegensatz zu den Koffertruhen befinden sich die Griffe nicht mehr seitlich, sondern sind an der Frontseite des Behältnisses angebracht. Einige Modelle verfügen sogar über Systeme, welche die Koffer in ihrer Ausdehnung regulierbar machen. Exemplarisch kann hierfür der englische „Gladstone" genannt werden – ein Koffer, der sich durch eine in die Deckelschale eingelassene Lederfalte ausdehnen und sich somit der Kleidermenge anpassen ließ.

All diese Innovationen und Veränderungen bedingen eine völlig neue Handhabung und eröffnen gleichzeitig neue Möglichkeiten im Hinblick auf das Reiseverhalten. Wäh-

Lippold-Werbeanzeige. Die Woche, 1913.

rend Kutschenkoffer und Koffertruhen noch so konzipiert waren, dass sie lediglich in einer Position aufgestellt werden konnten, war bei den Handkoffern eine axiale Drehung möglich. Sie konnten sowohl liegend als auch hochkant abgelegt werden. Die frontale Griffbefestigung ermöglichte es zudem, den Koffer in einer Hand zu tragen, woraus sich freilich die Bezeichnung 'Handkoffer' ableitet. Zum Transport war fortan nur noch eine Person nötig. Zweifelsohne war damit ein wesentlich eigenständigeres Reisen gewährleistet. Der Handkoffer symbolisiert somit auch einen ersten Schritt hin zur 'Demokratisierung des Reisens'.

Da Koffertruhen und Handkoffer unter dem Begriff 'Bahnkoffer' zusammengefasst werden, ist bereits offenkundig, warum sich diese so grundlegend von den Kutschenkoffern unterscheiden. Sie markieren ein neues Zeitalter im

Transportwesen und sind Resultate einer verkehrstechnischen Innovation des 19. Jahrhunderts: Die Eisenbahn revolutionierte nicht nur das Reiseverhalten der Menschen, sondern bedingte gleichzeitig neuartige Lösungen im Hinblick auf die Gepäckstücke. Während bei Kutschenkoffern der Schutz vor äußeren Wettereinflüssen eine entscheidende Rolle spielte, wurde das Eisenbahngepäck völlig anders definiert. Große Behältnisse wurden bei der Bahn in separaten Gepäckwagen transportiert und mussten daher robust und stapelbar sein. Und da die Eisenbahn keine Gewichtsbegrenzung vorgab, schienen die langen Koffertruhen mit ihrem stabilen Holzkorpus und dem flachen Deckel eine passende Lösung zu sein. Für das Bahnabteil hingegen benötigte man Koffer, die entweder im Gepäcknetz oder unter dem Sitz verstaut werden konnten. Der Reisende musste seine Habe selbst tragen beziehungsweise heben können. Die Antwort auf diese Anforderungen war der Handkoffer.

Über das Reiseverhalten und die Beschäftigung auf Reisen gibt vor allem dieser Handkoffer Aufschluss. Sein Interieur ist mit mehreren Buchfächern sowie einem Schreibnecessaire ausgestattet. Der Besitzer verwandte die Reisezeit offenbar zum Lesen und Schreiben. Auch dies kennzeichnet

Englischer Handkoffer mit Dokumententaschen und Schreibutensilien, 1890.

das Transportmittel Eisenbahn. Schließlich waren derartige Betätigungen während einer Kutschenfahrt undenkbar, wofür sowohl der Trubel unter den anderen Fahrgästen als auch die Unebenheiten der Straßen sorgten. Das ruhige Fahrverhalten und die Geräumigkeit der Bahn hingegen ermöglichte es dem Reisenden erstmals, sich auch während der Fahrt mit einem Buch oder Brief befassen. Nicht nur der abgebildete Handkoffer, auch die zahlreich erschienenen Reiseführer, allen voran die von Karl Baedeker, belegen, dass der reisende Bürger von dieser Möglichkeit regen Gebrauch machte. Während die Landschaft an ihm vorbeirauschte, las er und eignete sich auf diese Weise Kenntnisse über Land und Leute an.

Letztendlich müssen die Bahnkoffer als Botschafter einer autonomen und bequemen Reiseform verstanden werden. Stellte doch die Eisenbahn nicht nur ein Novum im Verkehrswesen dar; durch sie wurden insbesondere auch das

Kofferablage im Zugabteil.

Reiseverhalten sowie die gesamte Gepäckgestaltung modifiziert. Der Ausbau des Bahnnetzes löste eine ganze Flut von Innovationen im Hinblick auf Reisebehältnisse aus. Das Selbstverständnis des Bürgers spiegelt sich in dem 'Reisebegleiter' ebenso wider wie die Bequemlichkeit des Unterwegsseins: Erstmals wurde das Gepäck kleiner, leichter und handlicher. Der funktionale Aspekt spielte dabei eine genauso große Rolle wie das äußere Erscheinungsbild. Der Handkoffer ermöglichte es dem Reisenden, sich unabhängig zu bewegen. Mit der physischen und zeitlichen Souveränität waren vor allem auch ein individueller Freiraum und eine Bewegungsfreiheit geschaffen, welche die Kutschenreise in dieser Form nicht kannte.

Da die Eisenbahn die Gestaltung der Gepäckstücke revolutionierte, wäre zu vermuten gewesen, dass die Erfindung des Automobils im Jahre 1889 ebensolche Wirkungen erzielte. Das war allerdings nur bedingt so. Zwar entwickelten einige Gepäckhersteller auch Autokoffer, jedoch waren diese mehrheitlich von der Form des Handkoffers geprägt. Der Autoliebhaber und Gepäckfabrikant Georges Vuitton beispielsweise konstruierte im Jahre 1916 einen dreiteiligen Autokoffer. Er setzt sich aus einem Behälter und zwei darin befindlichen Handkoffern zusammen. Der große Koffer hatte eine abklappbare Front, seitliche Griffe und fünf Bügelverschlüsse. Seine Form erklärt sich zum einen daraus, dass zwei Handkoffer darin aufbewahrt wurden. Zum anderen war der Kofferbehälter gleichsam die Verlängerung der Stromlinienform des Wagens. Da die ersten Automobile keinen geschlossenen Stauraum besaßen, wurden die einzelnen Gepäckstücke außen auf entsprechenden Ablagen und Aufbauten befestigt. Je nach Wagenmodell befanden

Vuitton-Autokoffer mit genieteten Deckelkanten, 1916.

Mercedes-Benz-Limousine mit Gepäckablage am Heck, 1936.

sich die Ablagen entweder auf dem Dach des Autos, seitlich auf dem Trittbrett oder am Wagenende. Im Idealfall passten sich die Koffer daher der Form des Automobils an, wobei jedoch häufig einfache Handkoffer in Gebrauch waren.

Ähnlich wie bei der Kutsche waren die Behältnisse den Wettereinflüssen ausgesetzt. Aus diesem Grund setzte George Vuitton bei einigen Modellen Dichtungsgummi zwischen Kofferdeckel und Unterteil ein. Der Inhalt war somit vor Nässe und Staub geschützt. Er entwickelte ebenso Autokoffer in Gestalt eines Quaders – eine Form, die sich einerseits aus der Ablage auf der seitlichen Trittfläche ergab und sich andererseits nach dem Inhalt ausrichtete. Dieser bestand aus Handwerkszeug und Ersatzteilen. Der quaderförmige Autokoffer war somit auch ein Vorläufer des heutigen Werkzeugkoffers.

Mit Weiterentwicklung der Automobile wurde dem Koffer schließlich ein geschlossener Stauraum eingerichtet – der Kofferraum. Die Tatsache, dass Behältnisse fortan geschützt und nicht mehr den Unbilden des Wetters ausgeliefert waren, unterstreicht zweifellos den Stellenwert des Gepäcks für die Autofahrer. Jedoch wurden auch mit der Unterbringung der Reiseutensilien im Kofferraum keine großartigen Neuerungen hinsichtlich der Gepäckformen erzielt. So tiefgreifend und avantgardistisch die Erfindung des Au-

Speziell für Radfahrer: Fahrradkoffer, 1950.

Mercedes-Benz Typ 300 mit besonders großem Kofferraum, 50er Jahre.

tomobils auch gewesen sein mag, in der Gepäckfrage veränderte sie verhältnismäßig wenig. Nach wie vor war der Handkoffer der ungeschlagene Spitzenreiter unter den Reiseutensilien.

Picknickkoffer Seit der zweiten Hälfte des 19. Jahrhunderts gehörten zunehmend auch Picknickkoffer in das Gepäckrepertoire des Bürgers. Wie eine Vielzahl der in den erwähnten Sammlungen vorhandenen Objekte belegt, haben diese insbesondere um die Jahrhundertwende einen kometenhaften Aufstieg genommen. Der Picknickkoffer stellt im Grunde eine Sonderform des Handkoffers dar und ist in der Regel aus Weidengeflecht gefertigt. Vereinzelt lassen sich in den Museen auch solche aus Leder, Holz sowie Leinen finden. Landläufig verfügen sie über einen Griff auf der Frontseite; je nach Umfang und Größe gibt es aber auch Behältnisse mit zwei Griffen an den seitlichen Flächen.

Auf den speziellen Verwendungszweck des Picknicks zugeschnitten, sind in seinem Innern zahlreiche Teller, Dosen, Bestecke, Tassen, Gläser, Gewürzstreuer, Kannen mit Stövchen, teilweise auch Spirituskocher zu finden. Alle Gebrauchsgegenstände haben ihren ganz eigenen Platz und sind fein säuberlich formiert. Tassen und Teller haben dasselbe Dekor, und auch Löffel, Messer und Gabeln bilden ein zusammengehöriges Sortiment. Gehäuse und Inhalt sind passgerecht aufeinander abgestimmt. Alles hat seine Ordnung.

Picknickszene. Modekupfer, Paris 1898.

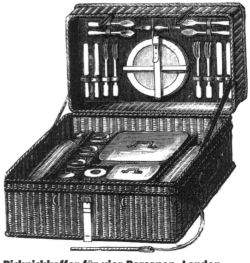

Picknickkoffer für vier Personen, London 1910/20.

Betrachtet man Fotos, Gemälde oder Druckgrafiken, auf denen Picknickszenen dargestellt sind, so hat es zunächst den Anschein, als seien vergnügte Menschen in einer heilen Umgebung vereint. Inmitten einer Naturlandschaft packen adrett gekleidete Damen ihren Proviant aus dem Koffer; Männer und Frauen sitzen auf einer Decke und nehmen das gemeinsame Mahl ein. Umgeben vom Grün der Bäume und Sträucher strahlen sie Gelassenheit und Freude aus. Der Picknickkoffer als Regelwerk und Sinnbild einer geordneten, heilen Welt? Auf den ersten Blick schon. Geht man aber einmal der Frage nach, wer denn die Menschen mit derartigen Koffern waren und warum sie überhaupt im Freien aßen, so wird sehr schnell deutlich, dass sich mehr dahinter verbirgt, als es zunächst den Anschein hat.

Im Freien essen konnte jeder – Bürger wie Landarbeiter. Während der Bauer und das Gesinde allerdings ohnehin auf dem Feld arbeiten mussten, das Essen im Freien für sie lediglich eine alltägliche, regenerierende Verrichtung darstellte, verwendete der Bürger seine Freizeit darauf. Er fuhr mit der Kutsche oder später dem Automobil aus der Stadt hinaus, um im Grünen genüsslich zu speisen. Er war es auch, der sich den teuren englischen Picknickkoffer[33] leisten konnte und das Mahl im Freien als reine Erholung zelebrierte. Da um 1900 der Höhepunkt der Fabrikation von Picknickkoffern gewesen zu sein scheint, ist bereits erklärt, wann das Essen in der Natur besonders begehrt war, wann es am häufigsten praktiziert wurde. Im Hinblick auf die sozioökonomischen Veränderungen des ausgehenden 19. Jahrhunderts kommt zugleich ein Dualismus im Selbstverständnis des Bürgers zutage: Kaum hatte er sich in die Stadt begeben, um dort Fabrikanlagen und neue Lebensräume zu erschaffen, flüchtete er mit dem Picknickkoffer ins Grüne. Der urbanen industriellen Umgebung offensichtlich rasch überdrüssig, begab sich der Bürger aufs Land, um sich von seinem städtischen Leben zu erholen und seine Identität zeitweise abzulegen – mit mäßigem Erfolg. Ist doch der Picknickkoffer gleichsam ein Beleg dafür, dass der Stadtbürger die Erfahrung von Natur nur noch in kulturell-nivellierter Fasson zuließ. Trotz Stadtflucht bewegte er sich innerhalb seiner eigenen kulturellen und moralischen Demarkationslinien, aß mit Messer und Gabel, war ausgestattet mit Hut und Sonnenschirm. Und der Picknickkoffer? Er strahlt gewissermaßen eine geordnete Häuslichkeit aus, eine kleine introvertierte Welt, die hinsichtlich seiner Verwendung groteske Züge annimmt. Der Picknickkoffer, quasi ein Zeichen der sittlichen Formierung des Bürgertums, ein Sinnbild der industriellen Urbanisierung, ein Symbol für den Versuch, die Natur zurückzuerobern. Picknick und Koffer – ein Paradoxon der industriellen Gesellschaft.

Hutschachteln und Necessaires Auf längeren Reisen führte der Bürger zusätzlich zu den Kutschen-, Bahn- und Autokoffern vielfältige andere Utensilien mit sich. Neben Kuriositäten wie einer Krawattenpresse oder einem Stiefelettenwärmer zählten hierzu vor allem Hutschachteln und Necessaires. Der Hut, insbesondere der Zylinder, war im 19. Jahrhundert das wohl markanteste Kleidungsstück der bürgerlichen Gesellschaft. Aufgrund seiner Größe und seines hohen Stellenwertes wurde ihm ein autonomer Stauraum zugewiesen, ein eigenes Behältnis geschaffen. In Baudissins „Goldenem Handbuch der Sitte" heißt es unter Nro. 729: „Wer also nicht einen Extrakasten im Koffer für Hüte hat, wird sie im Hutkoffer bei sich führen."

Hutkoffer aus dem Hause Louis Vuitton, 1900.

Hutkoffer waren aus Holz gefertigt und hatten zumeist die Form minimierter Reisetruhen. In einigen Fällen waren sie so konzipiert, dass zwei Hüte nebeneinander passten. Neben den Hutkoffern gab es aber auch Hutschachteln, welche präzise der Form und Größe ihres Inhalts entsprachen. Sie waren zumeist aus festem Leder genäht, innen gepolstert und mit Stoff überzogen. Das Gehäuse war mindestens genauso edel und wertvoll gestaltet wie der Inhalt.

Hutschachtel von Johann Wolfgang von Goethe, 1775.

Hölzerne Hutschachtel, um 1900.

Ebenso wie der Hut selbst muss daher auch die Hutschachtel als modische Erscheinungsform der bürgerlichen Gesellschaft begriffen werden. Hut und Hutschachtel fungierten gleichsam als Mittel der formellen Abgrenzung gegenüber anderen sozialen Schichten; sie stellten Instrumente der Differenzierung und Wiedererkennung dar. Durch das Mitführen der Hutschachtel passte sich der Reisende dem Stigma einer determinierten Lebensform an und gab sich unweigerlich als Bürger zu erkennen. Er hob sich von anderen Reisenden ab, wobei die vorhandene soziale Distanz besonders zu Wanderarbeitern, Dienstmädchen oder Ammen artikuliert wurde.[34] Gleichzeitig diente ihm die Hutschachtel aber auch als nonverbales Ausdrucksmittel einer sozialen Nähe. Demonstriert doch das Gepäckstück in gleichem Maße Zugehörigkeit und Konformität zur eigenen gesellschaftlichen Schicht. Mit der Hutschachtel ließ der Bürger modisches Bewusstsein erkennen, wodurch er sich abzugrenzen oder einzuordnen suchte.

Die Necessaires bargen vornehmlich die Kosmetikartikel des Reisenden, waren gleichsam die Vorreiter des heutigen 'Beauty Case'. Einige Modelle beinhalteten zusätzlich auch Schreib- und Nähzeug. Bis Mitte des 19. Jahrhunderts hat-

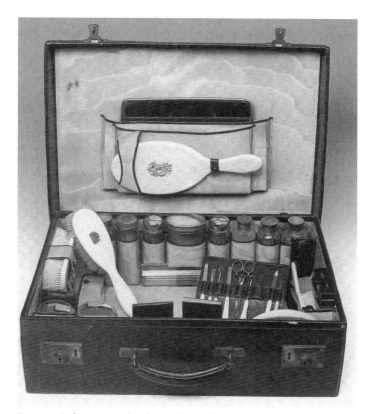

Damen-Reisenecessaire im Lederkoffer. England, 2. Hälfte 19. Jahrhundert.

ten Necessaires fast ausschließlich eine kastenähnliche Form, glichen einem kleinen Handkoffer. In der zweiten Hälfte des 19. Jahrhunderts wandelte sich ihr äußeres Erscheinungsbild zunehmend, sie nahmen jetzt mehr die Gestalt kleiner Reisetaschen an. Wie es Helmut M. Bien formulierte, sind Picknickkoffer und Necessaires wahre „Meisterwerke der Raumökonomie". Die zahlreichen Dosen, Fläschchen und Bürsten haben alle ihre apodiktisch beschriebenen Stauräume. Form und Inhalt der Necessaires sind dabei derart präzise justiert, dass sie sich nur dann schließen lassen, wenn die Gegenstände planmäßig angeordnet sind. Die Innenausstattung mit exklusivem Kosmetikgerät artikuliert häufig einen Mikrokosmos aus Luxus und Verschwendung. Nicht selten sind die Gegenstände aus solch kostbaren Materialien wie Elfenbein, Kristall, Silber oder Perlmutt gefertigt. Auch die Anzahl der Dosen und Flakons spricht nicht unbedingt für eine Beschränkung auf das 'Notwendige'. Im Gegenteil: Da eröffnet sich vielmehr eine Welt des Überflusses und des Pomps. Wenn also vom „Necessaire" im Sinne von Notwendigkeit die Rede sein kann, dann nur im Hinblick auf die Raumaufteilung.[35]

Reisenecessaire in Taschenform, um 1920.

Letztlich demonstrieren Necessaires vor allem eines: den Aspekt 'Bequemlichkeit'. Während es unterwegs, in den Zwischenstationen und Herbergen der Reise oftmals an den gewohnten Annehmlichkeiten fehlte, vermochte das Necessaire, diese Lücke zumindest teilweise zu schließen. Es brachte ein Stück heimischen Komforts in die fremde Unbehaglichkeit und ermöglichte es dem Reisenden, sich ganz der gewohnten Körperpflege hinzugeben. Es schlug gleichsam eine Brücke zwischen häuslichem Badezimmer und Mangel an Intimität und Luxus auf Reisen.

Resümee Bürgerliches Reisegepäck zeichnet sich durch vielfältige Erscheinungsformen und exklusive Gestaltungsmittel aus. Diese resultieren zum einen aus der Entwicklung des Verkehrswesens im 19. und zu Beginn des 20. Jahrhunderts, zum anderen ergeben sie sich aus der Vielfalt der Verwendungszwecke. Während die Kutschenkoffer noch die recht voluminöse Form einer Truhe hatten, wandelten sich die Behältnisformen mit dem Aufkommen neuer Transportmittel radikal. Die Reise mit der Eisenbahn machte es erforderlich, das Gepäck auch selbständig tragen zu können und verhalf dem Koffer somit zu neuer Form: Der Handkoffer war geboren. Die Praxistauglichkeit des Behältnisses prägte fortan dessen äußeres Erscheinungsbild. In Abhängigkeit von Reisedauer und Verwendungszweck wurde das Gepäck des Bürgers durch zusätzliche Accessoires ergänzt, deren Anschaffung einen gewissen finanziellen Wohlstand voraussetzte, der seinerzeit nur dem Bürgertum zukam. Das handwerkliche Geschick der Produzenten und die Liebe zum Detail machen die Gepäckstücke des Bürgertums zu ebenso einmaligen wie vielfältigen Zeugnissen der Kulturgeschichte.

Hotel als Heimat
Schrankkoffer – Erfolgssymbol der Idole

Marlene Dietrich in „Die Reise ins Ungewisse", 1951

„Die Zeit geht dahin,
Schnell dreht sich die Welt.
Der Wirbel des Lebens,
Ist was mir gefällt.
Ich seh' nie den Tag,
Nur die Lichter der Nacht.
Ich bin überall,
Wo man trinkt, wo man lacht.
Bin niemals allein,
Bin nirgends zu Haus.
Der Tanz geht weiter,
Tag ein und Tag aus…"[36]

Dies sind die Anfangszeilen des Liedes *Die Welt war jung*, gesungen von Marlene Dietrich (1901-1992). Mit wenigen Worten beschreibt sie gleichsam ihr Dasein als Schauspielerin, Entertainerin und Chansonsängerin. Eindrücklich schildert sie ein Leben zwischen Öffentlichkeit und Intimität, zwischen Ruhm und Einsamkeit, zwischen Glanz und Traurigkeit, zwischen Dazugehören und Fremdsein. Melancholisch und sentimental besingt sie ein Dasein als Reisende, als Wanderin zwischen verschiedenen mentalen und räumlichen Welten: „Bin niemals allein, Bin nirgends zu Haus …" Genauso wie es diese Zeilen aussagen, gestaltete sich ihr Leben: Marlene Dietrich war ständig unterwegs. Sie zog von einer Stadt in die nächste, von einem Kontinent zum anderen. Sie übernachtete in den exklusivsten Hotels und lebte aus dem Koffer – im wahrsten Sinne des Wortes.

Kurz nach Marlene Dietrichs Tod im Jahre 1992 erwarb das Land Berlin ihren Nachlass, der seither von der Stiftung Deutsche Kinemathek verwaltet wird. Neben unzähligen Kleidern, Kostümen, Briefen und Fotos umfasst die Sammlung mehr als 120 Koffer. Darunter befinden sich nicht nur Handkoffer, Hutschachteln und Necessaires. Auch Schrankkoffer sind zu finden. Letztere sind an dieser Stelle von Interesse, verkörpern sie doch in besonderem Maße das Prinzip und den Lebensstil 'Hotel als Heimat'. In ihnen verbinden sich vielfältige Antagonismen eines glanzvollen und ruhmreichen Lebens. Sie sind Prestigeobjekte und Statussymbole der neuen Größen aus Oper und Theater, aus Film und Kino.

Die Goldenen Zwanziger Wenn hier von neuen Größen die Rede ist, dann deshalb, weil insbesondere die Erfindung des Films im Jahre 1895 diese hervorbrachte. Das Kino war geboren und begann sich zu etablieren; es wurden erste Stummfilme produziert, Kammerspiele. 1917 wurde die erste große deutsche Produktionsgesellschaft „Universum Film AG" (UFA) gegründet. Besonders in den 20er Jahren expandierte die deutsche Filmindustrie derart, dass hierzulande mehr Filme produziert wurden als in allen anderen europäischen Ländern zusammen. Dank seiner Popularität vermochte es das junge Medium, neue 'Helden' hervorzubringen.

Doch auch in anderen Bereichen der bildenden Kunst trat eine Vielzahl von Machern und Idolen hervor. Während der Weimarer Republik, einer Zeit kühner Träume und Hoffnungen, ergoss sich eine wahre Sintflut literarischer, musikalischer und architektonischer Neuerungen über Deutschland. Mit Namen wie Erich Maria Remarque, Thomas und Heinrich Mann, Walter Gropius, den Comedian Harmonists, Hans Albers, Josef von Sternberg, Kurt Weill oder Karl Valentin entfaltete sich eine Vielzahl von Talenten und damit verbundenen Kulturgütern. Während der Erste Weltkrieg den bürgerlichen Aufschwung hemmte und nicht nur das politische, sondern ebenso das kulturelle Leben nachhaltig beeinträchtigte, kam dieses in den 20er Jahren wieder zu neuer Blüte. So entstanden in den 'verrückten Jahren' trotz Weltwirtschaftskrise und politischer Instabilität immense kulturelle Güter.

Der neue bürgerliche Aufschwung lässt sich in besonderem Maße auch an der weiblichen Mode festmachen. Die Frauen befreiten sich aus ihren langen 'Fummeln', trugen fortan zumeist sportliche, bequeme Kleidungsstücke. Das kurze Hängekleid, der knabenhafte Anzug sowie der Bubikopf gelten bis heute als Verkörperung der 'Goldenen Zwanziger'. Dank industrieller Massenproduktion ergriff der neue Modetrend erstmals große Teile der Bevölkerung. Zweifelsohne hatten insbesondere Filmstars wie Asta Nielsen (1881–1972) oder Greta Garbo (1905-1990) einen nachhaltigen Einfluss auf das neue Modebewusstsein und verhalfen den Frauen zu neuem Selbstwertgefühl.

Schrankkoffer.

Nr. 2771. Schrankkoffer aus Sperrholz, das zwischen zwei Vulkanfiberplatten zu einem besonders haltbaren und widerstandsfähigen Werkstoff verarbeitet ist. Blau lackiert, messingplättiert vernickelte Beschläge. Zylinderschloß. Ia Piqué-Stoffutter, Zentralschubladen-Verschluß. Vorhang mit Wäschebeutel am Garderobenteil. 6 Kleiderbügel, 1 Mantelstange. Größe 105 × 55 × 48 cm, Gewicht ca. 32 kg.

Der elegante und solide Schrankkoffer für alle Zwecke!

Schrankkoffer der Firma Lohmann. Kofferkatalog, 1936.

Schrankkoffer, 1930er Jahre.

König der Kofferwelt Der Schrankkoffer ist gleichsam Symbol jener kulturellen Blütezeit. Er verkörpert ein enormes Maß an Individualität, materiellem Wohlstand und gestalterischer Finesse. Auch wenn dieser Koffer bereits um 1870 erfunden wurde[37], zum Kultobjekt avancierte er erst in den 20er und 30er Jahren des nachfolgenden Jahrhunderts. Wie der Name schon sagt, sind die Schrankkoffer eine Kombination aus Koffer und Schrank. Sie haben die längliche Form eines Kleiderschrankes, werden wie dieser hochkant aufgestellt und verfügen über stabile Griffe für den Transport. Die Schrankkoffer sind zumeist nach zwei Seiten aufklappbar oder besitzen entsprechende Öffnungsmechanismen an der Frontseite. Sie haben einen soliden Holzkorpus, welcher häufig mit Segeltuch bespannt ist. Erstmals taucht bei den Schrankkoffern auch Vulkanfiber als Werkstoff auf – ein zähes, horn- bis lederartiges, leichtes Material aus Zellulose. Dieses wurde vornehmlich zur Verstärkung der Kofferkanten beziehungsweise als Überzug für den Koffer verwandt.

Größe und Machart lassen die Schrankkoffer zunächst wie übermächtige Giganten, wie monströse, klobige Relikte vergangener Zeiten erscheinen. Charme und Reiz dieser schier 'unverwüstlichen Gepäckriesen' tritt erst beim Anblick der Innenausstattung zutage. In der Regel sind die Schrankkoffer derart eingerichtet, dass eine Kofferhälfte mit Fächern und Laden, die andere mit Hängevorrichtungen für Kleiderbügel und Garderobe versehen ist. Das Interieur ist zumeist mit edlen Stoffen, verchromten Kleiderstangen und lackierten hölzernen Schubfächern ausstaffiert. Freilich fungierten diese Koffer als Stauraum für Kleider und Wäsche; vereinzelt gibt es jedoch auch solche mit andersartiger Innenausstattung.

Unübertreffliche Extravaganzen Der Hersteller Louis Vuitton beispielsweise fertigte einen Schrankkoffer, dessen Interieur einzig für den Transport von Schuhen konzipiert war. So umfasst der Innenraum etliche Schubladen mit jeweils einer Lederlasche zum Herausziehen. Darüber hinaus ist auf jedem einzelnen Schubfach frontal ein kleines Rahmenfeld zur Beschriftung angebracht. Der Schrankkoffer für Schuhe wurde erstmals 1925 für Lily Pons (1898-1976) kreiert. Die aus Frankreich stammende Opernsängerin startete ihre grandiose Karriere Ende der 20er Jahre an der Metropolitan Opera in New York. Sie gehörte zu den großen Stars ihres Geschäfts und erhielt, laut Stanley Sadie, auch Aufträge von anderen amerikanischen und europäischen Opernhäusern: Paris, Monte Carlo, Chicago, San

Schrankkoffer für Schuhe. Sonderanfertigung für Lily Pons, 1926.

Ankunft der Sängerin Lily Pons in London, 1938.

Francisco. Um ihre unzähligen Schuhe auf Reisen stets griffbereit zu haben, gab Lily Pons den Auftrag für ein entsprechendes Behältnis an Louis Vuitton. Sie erhielt einen Schrankkoffer, in dessen Schubladensystem, wie Sigrid Barten berichtet, sage und schreibe 36 Paar Schuhe passten. Allein diese Zahl verdeutlicht, dass die Besitzerin eine wohlhabende Persönlichkeit war, der es an Luxusgütern nicht zu mangeln schien. Wenn der überdimensional große Koffer eigens dem Transport von Schuhen diente, dann bleibt zu vermuten, dass Lily Pons ähnliche Behältnisse auch für andere Kleidungsstücke anfertigen ließ. Schließlich ist anzunehmen, dass die Sängerin Pons für ihre Auftritte mehrere Kostüme besaß, die ebenfalls in entsprechenden Schrankkoffern aufbewahrt und transportiert werden mussten.

Ein anderer Schrankkoffer – ebenfalls ein Fabrikat von Louis Vuitton – birgt in seinem Inneren einen 'reisenden Arbeitsplatz'. Das 94 Zentimeter hohe Objekt verfügt über einen aufklappbaren Deckel sowie eine aufklappbare Vorderseite. In der Fronttür ist ein hölzerner Klapptisch angebracht. Ein in den Korpus eingebautes, verstellbares Holztablar dient als Regal, auf welchem Bücher oder eine Schreibmaschine abgestellt werden können. Darunter befinden sich drei Schubladen. Der „Koffer-Sekretär", wie er

Schreibtischkoffer. Sonderanfertigung für Leopold Stokowski, 1936.

in einem Artikel von Michael Wolf bezeichnet ist, wurde erstmals 1936 als Sonderanfertigung für den englischen Dirigenten Leopold Stokowski (1882-1977) hergestellt. Zu diesem Zeitpunkt war Stokowski längst ein renommierter Musikdirektor. Zwanzig Jahre lang leitete er das Symphonie-Orchester von Philadelphia und wirkte als Gastdirigent an den bedeutendsten Orchestern Amerikas und Europas. Da Stokowski während einer Reise nicht auf seine Handbibliothek verzichten wollte und ihm ein eigener Schreibtisch offenbar sehr wichtig war, ließ er sich diesen Schrankkoffer anfertigen. Der Dirigent besuchte somit nicht nur andere Wirkungsstätten, er nahm seinen eigenen, ganz persönlichen Arbeitsplatz gleich mit in die Ferne. Ebenso wie bei den bürgerlichen Necessaires wurde somit eine feststehende Dingwelt transportabel gemacht. Jedoch war das Pendant hierzu nicht das Schmink- oder Ankleidezimmer, sondern eben der Schreib- und Arbeitsplatz.

Bevor nun ein genauer Blick auf die Bedeutungszusammenhänge zwischen Schrankkoffern und entsprechenden Sonderanfertigungen geworfen wird, zunächst noch einige Anmerkungen zur Kofferwelt Marlene Dietrichs.

Koffer- und Lebenswelten eines Filmstars Ein Auftragsschein der Berliner Speditionsfirma Gläser & Herzberg vom 16. April 1931 weist den Schiffstransport von sieben Koffern mit Abfahrtshafen Bremen und Bestimmungsort New York aus. Die Besitzerin der zu verschiffenden Koffer war Marlene Dietrich. Tatsächlich nahm der Filmstar auf Reisen eine Unmenge an Gepäckstücken und Reiseutensilien mit. Insbesondere mit ihren riesigen Schrankkoffern erregte die Diva große Aufmerksamkeit in der Öffentlichkeit. Ein Foto aus dem Jahr 1936 zeigt sie auf einem Schiffsdeck, umgeben von unzähligen Schrankkoffern, eleganten Hutschachteln sowie zahlreichen anderen Gepäckstücken. Fast hat es den Anschein, als ginge es vielmehr um die Koffer als um Marlene Dietrich selbst. Freilich aber gehörte beides untrennbar zusammen.

Ebenso wie ihre extravaganten Kleider formten auch die überdimensionalen Koffer das Bild und den Mythos der 'Dietrich'. Die enorme Menge an Reisebehältnissen und deren monumentales Erscheinungsbild markierten gleichsam die ideelle Größe ihrer Besitzerin. Umgekehrt verlieh Marlene Dietrich aber auch den Gepäckstücken ihre ganz persönliche Note: An der Mehrzahl ihrer Schrankkoffer ließ sie die Initialen „M.D." anbringen und machte sie somit zum Markenzeichen ihres Ich. Gleichzeitig deuten die Initialen auf eine besonders enge Bindung zwischen dem Filmstar

Beleg zur Beförderung des Gepäcks von Marlene Dietrich (damals Ehefrau von Rudolf Sieber).

Marlene Dietrich inmitten ihres Gepäcks, 1936.

und seinen Koffern hin; sie sind Zeichen der Zusammengehörigkeit und verdeutlichen das komplexe Gefüge aus Mensch und Gegenstand. Die besondere Korrelation zwischen der Besitzerin und ihren Behältnissen manifestiert sich ferner in der Tatsache, dass Marlene Dietrich ihre Schrankkoffer als ihre „Elefanten"[38] bezeichnete. Zweifelsohne bezog sich diese Benennung vordergründig auf deren riesigen Umfang. Marlene Dietrich projizierte den exorbitanten Gegenstand Schrankkoffer auf den animalischen

Schrank- und Schuhkoffer Marlene Dietrichs. Albert Rosenhain, Berlin, 1930er Jahre.

Werbeanzeige der Firma Albert Rosenhain. Berliner Illustrierte Zeitung, 1914.

Dickhäuter und schuf somit eine Metapher aus Ding- und Tierwelt, aus Kultur und Natur. Die symbolische Überhöhung, die Projektion des Objekts auf ein Lebewesen, artikuliert die besondere Bedeutung des Schrankkoffers und lässt gleichsam ein intimes Verhältnis zwischen Besitzerin und Objekt erahnen – eine Bindung, die erst im Hinblick auf Marlene Dietrichs Lebensbild verständlich wird.

Viele der im Nachlass vorhandenen Schrankkoffer sind Fabrikate der Berliner Firma Albert Rosenhain. Sie stammen zum Großteil aus den 30er Jahren, als Marlene Dietrich die Blüte ihrer Filmkarriere erlebte. Ihr großes Debüt als Filmschauspielerin feierte die Berlinerin im Jahre 1929. Damals wurde sie von Regisseur Josef von Sternberg für die Rolle der Lola in der UFA-Produktion „Der blaue Engel" engagiert und erwarb sich damit die Eintrittskarte für Hollywood.[39] Noch am Abend der Deutschland-Premiere begab sich Marlene Dietrich auf ihre erste große Reise nach Amerika. Sie folgte damit dem Rat von Sternberg, der sie fortan zu dem machte, was sie bis heute verkörpert – einen Filmstar von Weltruhm. Marlene Dietrich erhielt in den Folgejahren Hauptrollen in Filmen wie „Marokko" (1930), „Shanghai Express" (1931) oder „Die spanische Tänzerin" (1934/35).

Rechnungsbeleg über den Erwerb eines Schrankkoffers, 1931.

Zu Beginn ihres Hollywood-Aufenthalts lebten Tochter und Mann von Marlene Dietrich noch in Berlin. Die Schauspielerin reiste daher im Dezember 1930 wieder nach Deutschland, um ihre Tochter Maria mit nach Amerika zu nehmen. Wie sie in ihrer Autobiografie schildert, war dies gleichzeitig ihr letzter Aufenthalt in Berlin vor 1954. Der eingangs erwähnte Transportbeleg der Gepäckspedition mit Abfahrtsdatum 17. April 1931 markiert somit auch die Distanzierung des Filmstars von Hitler-Deutschland. Da ihr Mann nach Paris emigriert war, reiste sie dennoch viel zwischen Europa und Amerika hin und her: „Wenn ich nur zwei Filme im Jahr machte, fuhr ich mit der Bahn und dem Schiff nach Paris, wann immer ich Zeit hatte und mein Mann nicht mit Dreharbeiten in anderen Ländern beschäftigt war. In Paris logierten wir in Hotels, die unseren Bedürfnissen sehr entgegenkamen..."

Marlene Dietrich wurde 1939 amerikanische Staatsbürgerin, arbeitete als Entertainerin und Truppenbetreuerin auf der Seite der alliierten Streitkräfte. Ihr Leben als Filmschauspielerin, Star und Weltreisende nahm somit eine andere Richtung. Sie zog mit der „Army" durch Europa und Nordafrika, was bei ihren deutschen Landsleuten geteilte Reaktionen hervorrief: Während die einen sie verachteten, war sie für andere nach wie vor die große deutsche Filmdiva aus „Der blaue Engel". Trotz mancher Anfeindungen hat die Schauspielerin ihre deutsche Herkunft nie verleugnet –

auch nicht, indem sie die amerikanische Staatsbürgerschaft annahm. Sie war stolz auf ihren Berliner Humor und blieb insbesondere ihrer Heimatstadt immer verbunden. Als Marlene Dietrich ihre Karriere als Chansonsängerin startete, sie 1954 das erste Mal nach drei Jahrzehnten wieder in Berlin auf der Bühne stand, sang sie als Zugabe das Lied „Ich hab' noch einen Koffer in Berlin"[40].

Schrankkoffer Marlene Dietrichs, 1929.

Ich hab' noch einen Koffer in Berlin
Wunderschön ist's in Paris
auf der Rue Madeleine.
Schön ist es im Mai in Rom
Durch die Stadt zu gehen!
Oder eine Sommernacht,
still beim Wein in Wien.
Doch ich häng',
wenn ihr auch lacht, heut' noch an Berlin!

Ich hab' noch einen Koffer in Berlin,
deswegen muss ich nächstens wieder hin!
Die Seligkeiten
vergangner Zeiten
sind alle noch in meinem kleinen Koffer drin!

Ich hab' noch einen Koffer in Berlin,
der bleibt auch dort, und das hat seinen Sinn:
Auf diese Weise
lohnt sich die Reise,
denn wenn ich Sehnsucht hab',
dann fahr' ich wieder hin.

Denn ich hab' noch einen Koffer in Berlin.[41]

Es mag zunächst stillos erscheinen, solch sentimentale Liedverse neben einem glamourös anmutenden Schrankkoffer zu platzieren. Schließlich besang Marlene Dietrich den Koffer weniger als realen Gegenstand. Vielmehr benutzte sie ihn dazu, der Sehnsucht Ausdruck zu verleihen und die Verbundenheit zu ihrem Geburtsort zu manifestieren. Davon einmal abgesehen, ging es in dem Chanson nicht um überdimensional große und außergewöhnlich elegante Schrankkoffer. Auch wenn der erste Eindruck also Widersprüchliches vermitteln sollte, ist doch beides eng miteinander verwoben: der Schrankkoffer als Sinnbild des materiellen Erfolges und der „kleine Koffer" als Metapher für das Heimweh.

Als Marlene Dietrich 1930 nach Hollywood ging, erlebte sie hier einen kometenhaften Aufstieg. Sie wurde zum

Weltstar, erfuhr Ruhm und Anerkennung. Bereits 1934 kassierte sie mit ihrer Schauspielerei das dritthöchste Jahresgehalt der Vereinigten Staaten von Amerika. Sie verfügte über materiellen Wohlstand, genoss den Reichtum, führte ein Leben in 'Saus und Braus'. Gleichzeitig wurde sie zur Weltreisenden. Unzählige Male überquerte sie per Schiff den Ozean, reiste von Los Angeles nach New York, dann weiter nach Berlin, Paris oder Rom. Während ihrer Zeit als Chansonsängerin trat sie in Skandinavien, Israel, Australien, Russland sowie Lateinamerika auf. Sie war ständig unterwegs, mit ihren Schrankkoffern in aller Welt.

Eines aber fehlte ihr – ein Ort, an den sie immer zurückkehren, ein Haus oder eine Wohnung, in der nur sie verweilen konnte. Ihre Tochter Maria konstatierte: „Sie hatte nie ein Haus. Sie hatte nie Möbel. Sie hatte nie ein Zuhause. Es waren immer Hotels, immer Züge, Schiffe, Studios, Apartments, auf Schiffen und in Zügen."[42] Wirklich beheimatet war Marlene Dietrich nur während ihrer Kindheit in Berlin – der Stadt, in die sie nach ihrem Tod überführt wurde, und in der sie begraben liegt. Abgesehen von Kindheit und Jugendjahren verbrachte sie ihr Leben, wenn nicht im Hotel, so doch im Filmstudio. Selbst in Paris, wo ihr Mann lebte, wohin sie unzählige Male reiste und wo sie längere Zeit verweilte, lebte sie in Hotels. Trotz vieler Kontakte zu Regisseuren, Schriftstellern und Komponisten ging mit dem 'Leben aus dem Koffer' auch das Gefühl der Einsamkeit einher. Marlene Dietrich selbst gestand, dass sie seit ihrer Abreise aus Deutschland im Jahre 1930 auf Wanderschaft war und, wie Maximilian Schell 1992 im Stern formuliert, „kaum Wurzeln geschlagen" hat. Besonders die letzten Worte ihrer Autobiographie machen deutlich, was das Idol schließlich als Ergebnis ihrer Lebensreise empfand: „Was bleibt, ist die Einsamkeit."

Neben der Einsamkeit waren die einzigen ständigen Begleiter Marlene Dietrichs „ihre Elefanten". In ihnen bewahrte sie neben Kostümen und Schuhen auch ihre Maskottchen auf – eine „Afrikaner-" und eine „Chinesenpuppe". Obgleich es weit hergeholt scheint, das Leben eines Filmstars mit dem einer Dienstmagd zu vergleichen, drängt sich doch hinsichtlich der Behältnisse diese Analogie auf. Ähnlich wie dem Gesinde die Dienstbotentruhen, wurden die Schrankkoffer für Marlene Dietrich zum Ersatz für das nicht vorhandene Refugium.[43] Freilich begab sich die Filmdiva und Entertainerin nicht ganz unfreiwillig auf Wanderschaft. Sicher war sie den Großteil ihres Lebens finanziell mehr als abgesichert. Aber das Gefühl des Alleinseins begleitete Marlene Dietrich, trotz oder gerade wegen ihres weltweiten Bekanntheitsgrades ebenso wie eine namenlose Magd oder einen Knecht. Die Schrankkoffer mit den Initialen M. D. sind daher nicht nur Sinnbilder eines glorreichen Lebens, sie symbolisieren gleichzeitig die mentale Einsamkeit einer exzentrischen Kosmopolitin: „Bin niemals allein, bin nirgends zu Haus".

Epilog auf den Schrankkoffer Zweifelsohne waren die Schrankkoffer für luxuriöse und zumeist Weltreisen konzipiert. Wenn Marlene Dietrich ihre Schrankkoffer als ihre „Elefanten" bezeichnete, dann beschrieb sie damit auch die robuste, ja nahezu unverwüstliche Machart der 'Gepäckriesen'. Sie waren zumeist mehr als ein Meter hoch, hatten dicke Holzwände und waren von außen mit Metall- oder Holzleisten verstärkt. Sie hatten einen soliden und äußerst strapazierfähigen Korpus. Diametral dazu zeichnete sich ihr Interieur durch exklusive und vornehme Ausstaffierung aus. Die Wände waren mit hochwertigen Stoffen wie Seidendamast oder Leinen bezogen, Kleiderstangen und Hängevorrichtungen waren verchromt, Schubladen aus edlen Hölzern gefertigt. Folglich war die Anschaffung dieser Koffer nur für einen erlesenen, wohlhabenden Käuferkreis möglich. Aufwändige Sonderanfertigungen wie 'Koffer-Sekretär' oder Schrankkoffer für Schuhe verlangten nach entsprechenden finanziellen Mitteln und zeugen somit vom Reichtum ihrer Besitzer.

Ferner signalisieren sie ein hohes Maß an Individualität, Komfort und Extravaganz. In ihrem Innern konnten noch so ausgefallene Kostüme, noch so feine Anzüge und Hüte transportiert werden – nichts knitterte oder nahm Schaden.

Hotelaufkleber des Grand-Hotels „Emma", um 1925.

Durch die einzigartige Verwendung der Schrankkoffer als Transportbehältnis und Möbelstück blieb dem Besitzer ein lästiges Aus- und Einpacken der Kleidung erspart. Das Behältnis wurde im Hotelzimmer aufgestellt und diente für die Dauer des Aufenthalts als Kleider- oder Schuhschrank. Sogar in einen Arbeitsplatz konnte es sich verwandeln. Die Schrankkoffer verkörpern somit auf mustergültige Weise das Prinzip „Leben aus dem Koffer".

Nichtsdestotrotz verbindet sich mit den Schrankkoffern auch ein Moment der Abhängigkeit und Unselbstständigkeit. So einzigartig und originell ihre Gestaltung gewesen sein mag, für den Transport der Behältnisse wurden Mannschaften von Helfern und Trägern benötigt. Der Besitzer war auf entsprechende Transport- und Speditionsfirmen angewiesen, nie in der Lage dazu, sein Gepäck allein zu tragen. Auf Dampfschiffen, welche die Ozeane überquerten, wurde das sperrige Gepäck in separaten Stauräumen aufbewahrt, zu denen der Passagier in der Regel nur einmal am Tag Zugang hatte. Wollte er außerhalb der 'täglichen Öffnungszeit' an seine Behältnisse, war er auf das Wohlwollen des Schiffspersonals angewiesen. Auch in Hotels ergaben sich durch das sperrige, überdimensional große Gepäck gewisse Abhängigkeiten. Für den Transport der Koffer vom Eingang bis in das entsprechende Zimmer war man auf Pagen, Liftboys und Diener angewiesen.

Werbeplakat der Firma Arent. Brüssel, um 1930.

Natürlich waren derlei Deduktionen im Gebrauch – bewusst oder unbewusst – beabsichtigt; schließlich musste der Besitzer etwas darstellen. So dienten nicht nur die Schrankkoffer selbst, sondern auch der Hofstaat aus Spediteuren und Hotelpagen der Repräsentation. In den Eingangshallen der Hotels wurden mittels des Gepäcks, explizit der Schrankkoffer, Macht und sozialer Status demonstriert. Man hatte Untergebene, welche einem die harte Arbeit abnahmen und die Koffer an den gewünschten Ort brachten. Menge sowie Größe der Gepäckstücke spielten für den 'Schaulauf' im Foyer des Hotels eine entscheidende Rolle. Je größer die Zahl der Gepäckstücke war, je voluminöser deren Ausmaße, desto respekt- und ehrfurchtsvoller wurde man von Angestellten und Hotelgästen behandelt. Da Filmstars oder Opernsänger ohnehin im Licht der Öffentlichkeit standen, unterwarfen sie sich dem 'Repräsentationszwang' in besonderem Maße. Aus der Vielzahl von Koffern schien der Schrankkoffer dazu das geeignete Mittel zu sein. Wie kein anderes Behältnis unterstrich er Ruhm und Erfolg gleichermaßen. Schließlich zeichnete sich das Gepäckstück ebenso wie sein Träger durch die 'Erhabenheit gegenüber anderen Modellen' aus. War der Schrankkoffer gleichsam das majestätischste aller Gepäckstücke, spiegelte sich in seinen exklusiven Erscheinungsformen die Einzigartigkeit und Individualität seiner Besitzer wider.

Die Rolle als 'Prestigeobjekt' konnte das Behältnis jedoch nur an Orten der Repräsentation und gesellschaftlichen Öffentlichkeit einnehmen. Die Identifikation als Erfolgssymbol war nur dann möglich, wenn ein entsprechendes Publikum vorhanden war, das den Koffer als außergewöhnlich und exklusiv identifizierte. Abseits der öffentlichen Schauplätze kam dem Schrankkoffer eine ganz andere Funktion zu. Im Hotelzimmer wandelte er sich plötzlich vom öffentlichen Statussymbol und Transportbehältnis zum intimen Möbelstück: In der Anonymität und Leere des fremden Raumes war der Koffer schließlich das einzig Private.

Der letzte Koffer
Zum Gepäck jüdischer Verfolgter während der NS-Diktatur

„So viele verlorn hier ihr Leben,
zu viele die Menschlichkeit.
Was wir noch heute hier finden
sind Zeugen aus dieser Zeit".[44]

Als Marlene Dietrich erstmals 1943 das Lied „Lili Marleen" sang und somit ihren Teil zur Stärkung der alliierten Streitkräfte beitrug, hatte der Zweite Weltkrieg bereits katastrophale Ausmaße angenommen. Deutsche Truppen hatten weite Teile Mittel-, Ost- und Nordeuropas annektiert, Hitlers großdeutscher Wahn war längst bittere Realität geworden. Der Hass auf die „ideologischen und rassischen Gegner" des deutschen Regimes äußerte sich schon lange nicht mehr 'nur' in deren Verfolgung, sondern fand seinen Ausdruck bereits in deren systematischer Vernichtung. Längst hatten Hitler und seine Anhänger tausende Menschen in Konzentrationslager verschleppt.

Der Koffer nahm in diesem düstersten Kapitel deutscher Geschichte eine ganz besondere Rolle ein: Er war nicht nur Sinnbild für den Verlust von Heimat, sondern wurde zum Todessymbol. Um die Bedeutung des 'letzten Koffers' verständlich darzulegen, ist es unumgänglich, kurz auf die historischen Begebenheiten einzugehen. Da sich die Terrorakte des NS-Regimes in erster Linie gegen die jüdische Bevölkerung richteten, wird im Folgenden vornehmlich die Situation der Juden dargestellt.

Judenverfolgung und „Endlösung" Schon vor 1933 hatte Hitler in Wahlkampf- und Parteireden zum Kampf gegen die Juden aufgerufen. Mit der Machtübernahme war dann die Möglichkeit gegeben, diesen verbalen Kampf auch in die Tat umzusetzen. Das von der Hitler-Regierung im April 1933 erlassene „Gesetz zur Wiederherstellung des Berufsbeamtentums" war die erste Stufe des Judenboykotts. Diente es doch einzig und allein der Entfernung „rassischer und politischer Gegner" aus dem öffentlichen Dienst.[45] Bald darauf folgten weitere Gesetze und Maßnahmen zur Diskriminierung der Juden: Ärzten und Rechtsanwälten entzog man die Erlaubnis zur Berufsausübung, Arbeitnehmern wurde gekündigt, jüdischer Immobilienbesitz sowie Betriebe wurden Nichtjuden übereignet und somit „arisiert". Nicht zuletzt stellte die „Reichskristallnacht" die dramatischste Zuspitzung der antijüdischen Hetzjagd vor dem Ausbruch des Zweiten Weltkrieges dar. In der Nacht zum 10. November 1938 wurden Synagogen und jüdische Geschäfte niedergebrannt, zirka 26.000 Juden in Konzentrationslager verschleppt und teilweise, gegen das Versprechen auszuwandern, nachher wieder freigelassen. Wohl kaum ein jüdischer Bürger hatte sich zum damaligen Zeitpunkt vorstellen können, dass es noch schlimmer kommen konnte.

Am 24. Januar 1939 wurde die „Reichszentrale für jüdische Auswanderung" gegründet; nur vier Tage später kündigte Hitler „die Vernichtung der jüdischen Rasse in Europa"[46] an. Im selben Jahr verließen zirka 80.000 Juden Deutschland. Beschränkungen der Einwanderungsländer – hierzu zählten vor allem die USA – waren es, die die Möglichkeiten zur Auswanderung massiv einschränkten. 1941 trat schließlich ein von deutscher Seite verhängtes totales Emigrationsverbot in Kraft. Diejenigen, denen es gelang, ihre letzten Habseligkeiten zusammenzupacken und zu flüchten, wurden gleichsam zu Heimatlosen. Was Heimatlosigkeit für das Individuum bedeutet, welche Konsequenzen mit dem Verlust von Heimat verbunden sind, beschreibt der Philosoph Jean Améry mit folgenden Worten: „Es gibt keine 'neue Heimat'. Die Heimat ist das Kindheits- und Jugendland. Wer sie verloren hat, bleibt ein Verlorener, und habe er es auch gelernt, in der Fremde nicht mehr wie betrunken umherzutaumeln, sondern mit einiger Furchtlosigkeit den Fuß auf den Boden zu setzen."[47]

Mit Kriegsbeginn am 1. September 1939 verschlimmerte sich die Lage der jüdischen Bevölkerung nochmals massiv. Es wurden Ausgangssperren verhängt; Theater, Museen und Bibliotheken durften von jüdischen Bürgern nicht mehr betreten werden. Der Besitz von Telefonen und Rundfunkempfängern wurde Juden ebenso verboten wie der Besitz eines Automobils. Seit dem 15. September 1941 musste jeder jüdische Bürger über sechs Jahre den gelben Davidstern auf der Kleidung tragen: „...jeder sollte sie wie Leprakranke schon auf der Straße als Ausgestoßene, als Verfemte erkennen, meiden, verhöhnen. Jedes Recht wurde ihnen entzogen, jede seelische, jede körperliche Gewaltsamkeit mit spielhafter Lust an ihnen ausgeübt."[48]

Zu diesem Zeitpunkt war die letzte Phase der „Endlösung der Judenfrage"[49] angebrochen. Mobile Einsatzkommandos der SS waren damit beauftragt worden, blutige Tötungsaktionen zu vollziehen. Juden, Zigeuner und psychisch Kranke wurden auf „Exekutionsgelände" verschleppt, auf grausamste und brutalste Art hingerichtet. Im Herbst 1941 wurden die systematischen und bürokratisch bis ins Detail geplanten Deportationen aus dem Reichsgebiet eingeleitet. Erste Zielorte der Deportationszüge waren die Ghettos von Warschau, Lodz, Lublin, Riga, Wilna und Minsk. Nach Auflösung der Ghettos wurden die Juden, sofern sie nicht schon an Hunger oder Seuchen gestorben waren, in die Vernichtungslager gebracht. All diese Begebenheiten, die Verfolgung, das unfreiwillige Verlassen der Heimat, die Deportationen und schließlich die Massenvernichtungen symbolisiert kein Gegenstand besser als der Koffer.

Objekt und Objektivation Auch wenn Koffer, Rucksäcke, anderes Gepäck gewissermaßen 'Randerscheinungen' dieser Gräuel sind, symbolisieren sie doch die qualvollen Erfahrungen ihrer Besitzer. Schweigend und sprechend zugleich legen sie Zeugnis ab von den ungeheuren Grausamkeiten, die letztlich den Zweiten Weltkrieg ausmachten. Nicht ohne Grund stellen Museen, wie das Ghetto-Museum von Theresienstadt, auch den Koffer in den Mittelpunkt ihrer Präsentationen. Trotz ihres schlichten, frugalen Habitus' artikulieren die Gepäckstücke von Verfolgten unendlich viel von dem Schrecken und Leid ihrer Träger. So tritt der Koffer auch in zahlreichen Dokumenten immer wieder in Erscheinung. In Augenzeugenberichten taucht er als Marginalie in einem Nebensatz auf. In einem Schriftstück der Sicherheitspolizei wiederum spielt er eine zentrale Rolle. Schlussendlich entwickelt sich der Koffer in Romanen und Erzählungen über den Zweiten Weltkrieg zum elementaren Hoffnungsträger, wie beispielsweise Bruno Apitz' Roman „Nackt unter Wölfen" eindrucksvoll belegt.

Bei dem 'letzten Koffer' geht es weniger um vordergründige und gestalterische Formen. Vielmehr ist der ideelle Wert, der symbolische Gehalt der Behältnisse von Bedeutung. Aus diesem Grund soll in der weiteren Analyse insbesondere auch auf die leidvollen Berichte und Erfahrungen von Überlebenden des Holocausts eingegangen werden. Als Leitmotiv für eine entsprechende Betrachtungsweise mögen folgende Worte von Jean Améry gelten: „Aufklärung ist nicht gleich Abklärung ... Abklärung, das wäre ja auch Erledigung, Abmachung von Tatbeständen, die man zu den geschichtlichen Akten legen kann ... [...] Wo steht geschrieben, daß Aufklärung emotionslos zu sein hat? Das Gegenteil scheint mir wahr zu sein. Aufklärung kann ihrer Aufgabe nur dann gerecht werden, wenn sie sich mit Leidenschaft ans Werk macht."[50]

Fluchtkoffer Art Spiegelman, Sohn eines polnischen Juden, schuf mit seinem Comic „MAUS" eines der erschütterndsten und zugleich außergewöhnlichsten Werke über den Holocaust. Auf mehreren Erzählebenen schildert er in eindrucksvoller und ergreifender Weise die Geschichte seines

Passus aus dem Comic MAUS I von Art Spiegelman.

Vaters – angefangen bei der Flucht, über das Leben im Ghetto bis hin zu den Erlebnissen im Konzentrationslager Auschwitz. Der abgebildete Ausschnitt zeigt, wie Vladek und Anja Spiegelman im Spätsommer 1939, also kurz vor Kriegsausbruch, erstmals ihr Zuhause in Bielsko verließen. Sie packten ihre Habseligkeiten und gingen getrennte Wege. Während Vladek in den Krieg zog und kurze Zeit später Kriegsgefangener der Deutschen wurde, fuhr Anja nach Sosnowiec zu ihren Eltern.

In der Szene des Kofferpackens artikulieren sich verschiedene Emotionen und Notwendigkeiten. Da ist zum Beispiel das Moment der Angst („Vladek, I'm afraid!"), der Angst vor dem bevorstehenden Krieg und, ähnlich wie bei den Auswanderern, der Angst vor der Ungewissheit. Andererseits besteht das Erfordernis der Selektion – plötzlich muss die eigene materielle Welt in wichtige und unwichtige Dinge unterteilt werden („Grab your knick-knacks ..."). So steht der Koffer gleichsam für Furcht und Entbehrung. Festgebunden auf dem Dach eines Autos, symbolisiert er das unfreiwillige Auseinandergehen zweier Menschen sowie die schmerzhafte Trennung vom eigenen Heim. Ebenso wie bei der Gesindetruhe wurde der Koffer zum Symbol und Ersatz für die verlassene Heimstatt.

Ähnliche Attitüden fasst auch Anne Frank in ihrer Tagebuchaufzeichnung vom 8. Juli 1942 zusammen. Sie schildert, wie sie ihre Sachen packt, wie ihr Leben in der Illegalität beginnt: „Verstecken! Wo sollten wir uns verstecken? In der Stadt? Auf dem Land? In einem Haus, in einer Hütte? Wann? Wie? Wo? [...] Margot und ich fingen an, das Nötigste in unsere Schultaschen zu packen. Das erste, was ich hineintat, war dieses gebundene Heft, danach Lockenwickler, Taschentücher, Schulbücher, einen Kamm, alte Briefe. Ich dachte ans Untertauchen und stopfte deshalb die unsinnigsten Sachen in die Tasche. Aber es tut mir nicht leid, ich mache mir mehr aus Erinnerungen als aus Kleidern." Da Anne Frank und ihre Familie heimlich untertauchen mussten, galt es, die Habe unauffällig in das Versteck zu bringen; als Transportbehältnisse dienten daher nicht Koffer, sondern Schultaschen und Beutel: „Kein Jude in unserer Lage hätte gewagt, mit einem Koffer voller Kleider aus dem Haus zu gehen." Ganz gleich, ob Koffer oder Taschen, das Packen der Sachen stellte einen tiefen Wendepunkt im Leben besagter Menschen dar. Die mit Habseligkeiten vollgestopften Schul- und Einkaufstaschen markieren den Beginn eines isolierten Daseins, eines Lebens in der Illegalität.

Da seit der Machtergreifung Hitlers unzählige Juden auf der Flucht waren, das Schicksal der Franks oder Spiegelmans keineswegs Einzelfälle waren, wurden Koffer, Rucksäcke und andere Gepäckstücke millionenfach zu Komplizen in Situationen, die von Angst und Schrecken geprägt waren. Ebenso wie Anne Frank stellten sich zahllose Menschen die Frage nach dem „Wann? Wie? Wo?", und genauso wie Anne Frank mussten die Verfolgten darüber entscheiden, was sie mitnehmen und was sie zurücklassen würden. Im Bewusstsein, das eigene Zuhause möglicherweise nicht wiederzusehen, stellte sich beim Packen der Behältnisse die Frage nach der eigenen Identität: Wer bin ich? Was ist mir wichtig? Was benötige ich zum Überleben? Der Inhalt der Koffer reduzierte sich somit auf die fundamentalste Dingwelt eines Menschen – eine Dingwelt, die gleichzeitig Träger von geistigen und immateriellen Werten war. Der Koffer umfasste demnach die Elemente, die das Ich des jeweilgen Trägers ausmachten und letztlich sein Überleben gewährleisten sollten.

Der letzte Koffer Anders hingegen erging es denjenigen Juden, die zur Verbannung in Ghettos bestimmt waren und keinen anderen Ausweg sahen, als sich ihrem Schicksal zu ergeben. Zwar waren auch sie gezwungen, ihre Koffer zu packen, allerdings erhielten sie genaue Anweisungen, was sie mitzunehmen hatten. Rolf Kralowitz, jüdischer Bürger aus Leipzig, der das KZ Buchenwald überlebte, schildert in seinen Erinnerungen: „Listen kamen heraus. Und denen, die auf der Liste standen, wurde mitgeteilt, sie müssten sich 'vorbereiten', dürften nur einen Handkoffer oder Rucksack packen und hätten auf ihre Verhaftung zu warten."

In einem Brief vom 28. August 1942, den beispielsweise der Marburger Landrat an die Bürgermeister der Landgemeinden schickte, finden sich Erläuterungen zur Deportation der in der hessischen Stadt lebenden Juden.[51] Demnach sollten die jüdischen Bürger am 6. September 1942 zunächst von Marburg nach Kassel in ein Auffanglager verbracht werden. Das Schriftstück enthält zudem genaue Anweisungen über den Ablauf der Deportation und deren Organisation. Es beschreibt präzise die Dinge, die die jüdischen Bürger mitnehmen durften. Gemäß dieser Anordnung war es den Deportierten lediglich gestattet, einen Koffer oder einen Rucksack bei sich zu tragen. Dieser sollte „vollständige Bekleidung", „ordentliches Schuhwerk", „Bettzeug mit Decke", „Eßgeschirr (Teller oder Topf) mit Löffel" sowie „Mundvorrat für drei Tage" enthalten. Ferner war erlaubt, „Ausrüstungsgegenstände wie Werkzeuge, Matratzen, Eimer oder Töpfe" bei sich zu tragen. Weiteren Angaben zufolge waren die Juden auch dazu angehalten,

„sämtliches Bargeld" sowie „Wertsachen" aus „Gold, Silber" oder „Platin" mitzunehmen.

Während Koffer und Rucksäcke bei ihren Trägern bleiben und im selben Zug transportiert werden sollten, war für die Ausrüstungsgegenstände die Verfrachtung per Güterverkehr der Reichsbahn vorgesehen. Die Ausrüstungsgegenstände sollten mit der Zieladresse „Geheime Staatspolizei – Staatspolizeistelle Kassel, Zielbahnhof: Hauptbahnhof Zollschuppen" versehen werden. Bleibt also zu vermuten, dass die Besitzer ihre Werkzeuge und sonstigen Gegenstände nach deren Versand nie wieder sahen. Laut Anordnung des Landrats musste die Verfrachtung des Gepäcks von den jüdischen Bürgern selbst bezahlt werden: „Die Frachtkosten hat jeder Jude selbst zu tragen." Allein dieser Satz lässt den abgrundtiefen Zynismus erkennen, der sich hinter der Deportation verbarg. Nicht nur, dass die Juden gezwungen wurden, ihre Sachen zu packen und Haus und Hof zu verlassen. Überdies wurden sie genötigt, selbst für die entstehenden Transport- und Frachtkosten aufzukommen. Besagtes Schreiben enthält weiterhin genaue Anweisungen zur Beschlagnahmung des zurückgelassenen Vermögens durch die Verwaltung des Finanzamtes. So sollten die Schlüssel zu den verlassenen Wohnungen dem Bürgermeister übergeben werden. Selbst Regelungen über den Verbleib von Tieren sind in dem Brief dokumentiert. All diese Aufzeichnungen und Maßnahmen sprechen letztlich für die exakt geplante und gründlich durchdachte Vernichtung der Juden.

Auch in zahllosen anderen Städten und Landstrichen wurde so mit den Juden verfahren. Millionen mussten ihre Heimat verlassen und waren gezwungen, die Koffer zu packen. Eine ungarische Jüdin, die das Vernichtungslager Auschwitz-Birkenau überlebte, schildert, wie sie seinerzeit

„Einsiedlung" in das Ghetto Łodz, 1941.

erfahren hat, dass sie von ihrem Zuhause fortgehen muss: „Vater teilte uns mit, daß wir unsere Heimat am nächsten Tag gegen unseren Willen verlassen müßten – unsere Heimat, wo ich geboren wurde, das Haus, das meine Eltern gebaut hatten und das Land, das für mehrere Generationen im Besitz unserer Familie gewesen war."[52]

Der Weg mit dem Gepäck zur Sammelstelle, Theresienstadt.

Im Bewusstsein, dass der Befehl zum Abtransport jeden Tag eintreffen konnte, standen die Gepäckstücke teilweise schon wochenlang zum Großteil gepackt und griffbereit in den Wohnungen. Hatten die jüdischen Bürger den „Evakuierungsbefehl" erhalten, mussten sie sich mit der vorgeschriebenen Ausrüstung an entsprechenden Sammelstellen einfinden. Von dort aus wurden sie per Bahn in Ghettos, später direkt in die Konzentrations- und Vernichtungslager gebracht.

Koffer und Sarg Diejenigen Juden, die zunächst in Ghettos verschleppt wurden, bekamen vielfach schon dort ihr Gepäck und sämtliche Wertgegenstände abgenommen. In Theresienstadt beispielsweise mussten die Häftlinge bei ihrer Ankunft die großen Koffer und Taschen abgeben. Wie Josef Polák in dem Aufsatz „Das Lager" schildert, erhielten sie diese nach 1942 auch nicht zurück. Chava Kohavi, ebenfalls eine jüdische Überlebende, beschreibt die Geschehnisse beim Eintreffen in Theresienstadt: ,'Der Weg vom Zug bis nach Theresienstadt ist ziemlich lang', sagten die Männer mit den gelben Armbinden mit einem sehr starken tschechischen Akzent und luden die großen Koffer auf einen Wagen. Ich nahm von unserem Gepäck, so viel ich tragen konnte, und schloß mich mit meiner Familie einer Gruppe an, die in Richtung Ghetto abzog. Auf dem Weg überholte uns der mit Koffern beladene Wagen; obenauf saßen einige alte Leute. An Stelle von Pferden wurde er von den Männern mit den gelben Armbinden gezogen und geschoben. [...] Inzwischen kramten andere in den Rucksäcken und Taschen, die ich mit so viel Mühe bis hierher gebracht hatte. Sie suchten versteckte Wertsachen, die dann natürlich beschlagnahmt wurden. Mit meinem Rucksack beladen und in jeder Hand eine Tasche verließ ich schließlich mit meiner Familie die 'Schleuse'. Unsere großen Koffer sahen wir nie wieder. Die blieben dort, denn so erging es allen. Die 'Schleuse' ließ sie eben nicht durch."

Spätestens nach der Verschleppung in Vernichtungslager bekamen die Deportierten auch noch ihre letzten Gepäckstücke und Habseligkeiten abgenommen. Taschen und Koffer mussten bei der Ankunft entweder im Zug zurückgelassen oder während der Registration ausgehändigt werden.

Was dies für die Häftlinge bedeutete, beschreibt der polnische Jude Salem Gradowski, ein Gefangener des Vernichtungslagers Auschwitz-Birkenau, mit folgenden Worten: „Gleich nach dem Aussteigen aus dem Zuge werden uns die Rucksäcke weggerissen und sogar die allerkleinsten Päckchen auf einen großen Haufen niedergelegt. Nichts darf man mitnehmen, nichts darf man bei sich behalten. Diese Anordnung erweckt bei allen eine pessimistische Stimmung. Denn wenn sie dir befehlen, die allernotwendigsten, elementarsten, unentbehrlichsten Sachen abzugeben, heißt das, daß das Unentbehrliche entbehrlich und das Nützliche schon niemandem mehr nützlich sein wird."

Zum Entladen der ankommenden Züge waren vielfach Häftlingsgruppen zusammengestellt worden. Wie der Prager Jude Richard Glazer berichtet, mussten diese zum einen die Gepäckstücke bergen, zum anderen galt es aber auch, die zahllosen Menschen aus den Zügen herauszuholen, die im Laufe des Transports elendig zu Grunde gegangen waren. Angetrieben von den SS-Männern mussten die Leichen in einer Reihe auf die Bahnsteige gelegt werden; später wurden sie im Freien oder in Krematorien verbrannt.

Sortierung der „Effekten" im Lager Auschwitz, 1944.

Koffer und Taschen der Neuankömmlinge wurden in entsprechende Magazine gebracht, wo sie von Häftlingen sortiert und geordnet wurden. Während die Häftlinge diese Einrichtungen „Kanada" nannten, bezeichnete sie die SS als „Effektenkammern" oder „Effektenlager". Im Sprachgebrauch der SS waren die geraubten Gepäckstücke demnach „Effekten" – eine Tatsache, die bereits deutlich macht, welchen Wert die Sachen für die SS-Männer hatten. Sie reduzierten die Koffer und Taschen auf bloße Objekte, die einzig eine materielle Ausbeute darstellten und letztlich finanziellen Gewinn versprachen. In gewisser Hinsicht bezog sich auch der Begriff „Kanada" auf den Reichtum, der in den Magazinen angehäuft war. Schließlich verbanden die Gefangenen mit Kanada ein Territorium des Wohlstandes und der Autarkie. Jedoch wurden unter dem Begriff „Kanada" nicht Geld, Schmuck oder Eheringe, die sich in den Koffern befanden, summiert. Vielmehr spielte die eigene Versorgungssituation eine Rolle. Denn während 'normale' KZ-Häftlinge in der Regel völlig ausgehungert waren, vielfach an Unterernährung starben, ging es denjenigen, die im „Kanada" arbeiteten, vergleichsweise gut. Obgleich es verboten war, gelang es ihnen, das eine oder andere Stück Butter aus einer der Taschen zu nehmen und in den Mund zu schieben. Die Augenzeugin Gloria Hollander berichtet: „Unsere Arbeit bestand darin, die vielen Sachen zu sortieren, die die Menschen von zu Hause mitbrachten und derer sie beraubt worden waren, bevor sie in die Gaskammern geschickt wurden. Da gab es Berge von Kleidung, Stapel von Schuhen, Menge von Haar, Haufen von Gepäck, Brillen, Gebisse und andere Habseligkeiten. Überall waren Mengen von Schmuck, wie Eheringe, Diamanten, Gold, Silber und Geld aus vielen Ländern. Das alles war für uns völlig wertlos. Wir wurden gezwungen, die ungeheuren Mengen dieser Beute zu sortieren und zu verpacken – für die Verladung nach Deutschland. Schließlich bot uns diese Arbeit die Möglichkeit, unsere dürftige Kost mit der Nahrung aufzubessern, die die Opfer mitgebracht hatten."[53] Ebenso wie Gloria Hollander in Auschwitz musste Richard Glazer die „Effekten" in Treblinka ordnen und bündeln. Er charakterisiert die „Effektenlager" mit folgenden Worten: „Koffer und Rucksäcke, gewöhnliche Säcke mit Schnüren anstatt Tragriemen, Tausende von Stiefelpaaren, zusammengebunden und aufgehäuft zu einem schwarzen, zottigen und bröckelnden Berg, elegante und schäbige Halbschuhe, Latschen, feine Damenwäsche, zerrissene verlauste Mäntel. Unglaublich, woraus das letzte Gepäck von Abertausenden besteht. Ein Köfferchen, ausgestattet wie ein kleines Labor, eine zusammenfaltbare Ledertasche [...]. Ein riesiger Trödelladen, in dem alles vorhanden ist – außer Leben."[54]

Beide Augenzeugen beschreiben auf individuelle Weise die gewaltigen Mengen an Gepäck- und Kleidungsstücken, die für Millionen von Menschen die letzten persönlichen Güter darstellten. Beide legen – ebenso wie die Koffer selbst – Zeugnis ab von dem unbegreiflichen Massenmord an Juden, Behinderten und Regimegegnern.

Kofferberge – Totenberge Während sich die Koffer und Taschen bereits in den „Effektenkammern" stapelten und immer wieder lange Deportationszüge in den Vernichtungslagern eintrafen, wurden die Besitzer der Koffer in die Gaskammern geschickt und auf bestialische Weise getötet. Ihr Gepäck, ihre letzten Habseligkeiten wurden unterdessen an verschiedene Dienststellen der SS, der Wehrmacht und der Reichsbank versandt. Die Zahl der 'Beutestücke' ließ ein Bewältigen der Gepäckberge nahezu unmöglich werden. Immer wieder mussten neue Lagerbaracken gebaut und die Zahl der im „Kanada" arbeitenden Häftlinge erhöht werden.

Nach der Befreiung. Kofferberg im Konzentrationslager Auschwitz-Birkenau.

Buchenwald. Fotografie von Lee Miller, 1945.

Mindestens ebenso groß wie die Menge an Koffern war die Zahl der Menschen, die in den Konzentrationslagern von Auschwitz, Lublin, Treblinka und zahlreichen anderen Orten ums Leben kamen. Die Kofferberge dürfen demnach nicht darüber hinwegtäuschen, dass hinter all den Gepäckstücken einst „Leben" war. Hinter jedem einzelnen Koffer verbirgt sich das Schicksal eines Mannes oder einer Frau, eines alten Menschen oder eines Kindes. Jeder Koffer beinhaltet Geschichte und Geschichten – von einstigem Glanz bis hin zu Isolation, Flucht und Verfolgung. Letztlich berichtet jedes Behältnis von einem sinnlos ausgelöschten Menschenleben.

Hinweise und Spurensicherung „Kein einziger Koffer oder echter Rucksack, nur Ranzen, Bündel und Säcke mit angebundenen Stricken zum Tragen auf dem Rücken. Schon daran sehe ich, daß es ein armseliger Transport von irgendwo aus dem Osten ist." Mit diesen Worten beschreibt Richard Glazer einen ankommenden Deportationszug in

Treblinka. Zugleich gibt er ein Beispiel dafür, was man von den Behältnissen ablesen kann. Damals wie heute liefern einzelne Gepäckstücke vielerlei Hinweise zur Identität ihrer Träger. Anhand der Koffer lassen sich Spekulationen anstellen, aber auch konkrete Feststellungen treffen – Aussagen über Herkunft, Geschlecht und Alter der Besitzer. Im Idealfall befinden sich an den Taschen noch Adressanhänger; vielfach sind auf den Kofferdeckeln auch Schriftzüge in weißer Farbe aufgetragen. Diese beinhalten neben Namen und Anschriften auch Geburtsdaten und Evakuierungsnummern. In den Kofferbergen von Auschwitz befanden sich beispielsweise zwei Koffer mit folgenden Aufschriften:

Dr. med. Bernhard Israel Aronsohn	Transport No.
Hamburg. Kielortallee 22	Berta Sara Rosenthal
Evak.Nr. 1849	Berlin – Chbg.
	Uhlandstr. 194

Die Besitzer der Koffer sind somit namentlich bekannt, ebenso wie der Ort, von dem sie kamen. Sogar die Straßen und Häuser, in denen diese Menschen wohnten, lassen sich danach aufsuchen. Eine Frau aus Berlin und ein Mann aus Hamburg – beide ermordet im Konzentrationslager Auschwitz. Die Beinamen Sara und Israel bekunden die jüdische Religionszugehörigkeit. Denn seit dem 1. Januar 1938 mussten alle jüdischen Bürger, die einen nichtjüdischen Vornamen trugen, ihrem Namen „Sara" oder „Israel" beifügen.

Assoziationen beim Betrachten der Koffer: Herr Aronsohn war Mediziner. Vermutlich wurde ihm bereits Jahre bevor er nach Auschwitz kam, Berufsverbot erteilt. Möglicherweise wurde ihm auch seine Praxis genommen – verhökert an einen 'arischen' Arzt. Und Frau Rosenthal? Sie wohnte einst mitten in Berlin, ganz in der Nähe der glitzernden Einkaufsmeile Kurfürstendamm. Vermutlich schlenderte sie ab und an durch die Geschäfte, beobachtete das bunte Treiben in den Straßen und Läden, war Teil davon. Ob Herr Aronsohn und Frau Rosenthal versucht haben, vor den Nazis zu fliehen? Vielleicht. Unter Umständen wussten sie aber auch nicht, was ihnen bevorstand? Und ihre Familien, Nachbarn und Freunde? Ob die Kinder, Eheleute oder Eltern bei ihnen waren, als sie die 'Reise in den Tod' antraten? Oder waren sie allein, ganz auf sich gestellt? Dies alles sind Fragen, die sich einem unweigerlich aufdrängen, die einen verfolgen, sobald man sich auf die Situation einlässt. Möglicherweise ließe sich die eine oder andere sogar beantworten – möglicherweise. Bestimmt aber gibt es noch viele Vermutungen zu äußern und viele Begebenheiten zu erzählen. Was letztlich bleibt, sind die Koffer.

Resümee Zweifelsohne wurde der Koffer zwischen 1933 und 1945 mit ganz besonderen Konnotationen belegt. Ähnlich der Gesindetruhe barg er in seinem Innern den einzigen Besitz seines Trägers. Unausgesprochen wurde er zu einem letzten Stück Heimat – für viele Millionen Menschen. Ein letztes Stück Heimat, dessen sie im Zuge ihrer Verschleppung in die Konzentrationslager auch noch beraubt wurden. Der Raub der Koffer bedeutete für die Opfer nicht nur den Verlust eines materiellen Gegenstandes: Er kam einer Liquidierung des Privaten gleich und manifestierte gewissermaßen den Verlust der eigenen Identität. Der Raub der Koffer stellte den Gang in die Anonymität, das Nichts und letztlich in den Tod dar: „Denn was war man, wenn man Jude war und aufgehört hatte, Mensch zu sein?"[55]

„Pack die Badehose ein..."
Urlaubskoffer

„Jede Reise muß freiwillig sein, um zu vergnügen. Sie braucht dazu eine Lage, die gern, mindestens nicht unlustig, verlassen wird."[56]
Ernst Bloch

Ausschnitt aus einer Werbeanzeige, Film Revue 1959.

Es ist wahrlich nicht einfach, einen Übergang zwischen dem 'letzten Koffer' und dem 'Urlaubskoffer' zu schaffen. Ja, es scheint sogar ein unmögliches Unterfangen zu sein. Schließlich treffen zwei Extreme aufeinander, die in keinem größeren Kontrast zueinander stehen könnten: Der 'letzte Koffer' als Sinnbild für Gefangenschaft, Flucht, letztlich sogar Tod; der 'Urlaubskoffer' demgegenüber als Zeichen für Freiheit, Vergnügen und Leben. Es sind zwei Extreme, die scheinbar keinen gemeinsamen Nenner haben, sich absolut konträr und unvereinbar gegenüberstehen. Und dennoch gibt es da einen kleinen, nicht unwesentlichen Konnex: Der Zeitfaktor. Denn während die einen ihre Koffer packten, um zu flüchten, gingen andere auf Urlaubsreise. Von den

„Auf Reisen". Karikatur von Sepp Arnemann, um 1960.

Nationalsozialisten angeordnet, begaben sich in den 1930er Jahren Millionen Deutsche auf Vergnügungsreise ins In- und Ausland. So makaber und erschütternd es auch sein mag, existieren doch der 'letzte Koffer' und der Urlaubskoffer nebeneinander – Dichotomie der Gleichzeitigkeit.

Um den Urlaubskoffer genauer analysieren zu können, sollen zunächst einmal die Begriffe 'Urlaub' und 'Tourismus' näher erläutert und die wichtigsten Eckdaten ihrer Entstehungsgeschichte aufgezeigt werden.

Anfänge des modernen Tourismus' Für die meisten Deutschen sind Urlaub und Reisen heute zu einer Selbstverständlichkeit geworden. Der Urlaub gehört zum Jahreszyklus ebenso wie das Weihnachts- oder Osterfest. Er wird geplant, Monate im Voraus vorbereitet, bis ins Detail durchorganisiert. Dabei gerät häufig in Vergessenheit, dass Urlaub und Verreisen als Gegenpole zur Arbeitswelt bis vor einigen Jahren keineswegs eine Selbstverständlichkeit waren. Bis in die 30er Jahre des 20. Jahrhunderts war das Reisen zu Vergnügungs-, Bildungs- oder Erholungszwecken nahezu ausschließlich dem Bürgertum vorbehalten. Eine 'Demokratisierung' der Urlaubsreise trat erst in der zweiten Hälfte des Jahrhunderts ein. Die Grundlagen hierfür wurden in der Zeit der Weimarer Republik sowie – aus machtpolitischen Gründen – während des Nationalsozialismus geschaffen. Mit Einführung entsprechender Gesetze räumte man Arbeitern und Angestellten ein gewisses Freizeit- und Urlaubskontingent ein und schuf somit die Basis für den modernen Tourismus.

Wie Hasso Sprode sehr eindringlich analysiert und dargestellt hat, war während des Nationalsozialismus' das „Amt für Reisen, Wandern, Urlaub" (RWU) der Freizeitorganisation „Kraft durch Freude" (KdF) federführend bei der Durchführung von Ausflügen und Reisen. Unter dem Motto „Der deutsche Arbeiter reist!" avancierte KdF zum größten Veranstalter im Land und verkaufte bis 1939 rund 7,4 Millionen Reisen. Diese Angabe darf jedoch nicht darüber hinwegtäuschen, dass sich unter den Käufern auch Beamte sowie besser Verdienende befanden, dass ein Großteil der KdF-Reisen lediglich Tagesausflüge waren und letztlich nur etwa zehn Prozent aller deutschen Arbeiter jemals mit KdF verreist sind. Eine wirkliche 'Demokratisierung' der Urlaubsreise war demnach nicht erreicht. Dennoch stellte die nationalsozialistische Urlaubspolitik einen Meilenstein im Entfaltungsprozess des Tourismus' dar. Die Vorstellung von der Urlaubsreise als exklusivem Zeitvertreib privilegierter Bürger wurde erstmals gekippt; Reisen als Mittel der Freizeitgestaltung rückten auch bei Arbeitern und Angestellten immer mehr in den Bereich des Möglichen. Zur gesellschaftlichen Realität wurde das 'Massenreisen' jedoch erst nach dem Zweiten Weltkrieg.

Stichwort „Massentourismus"[57] Ein nahtloses Anknüpfen an die touristischen Erfolge der 20er und 30er Jahre aber war in den Nachkriegsjahren nicht sofort möglich. Insbesondere in den Großstädten herrschten desolate Zustände, die ein normales Leben unmöglich machten. Die Aufmerksamkeit der Menschen konzentrierte sich zunächst auf die Beschaffung elementarer Dinge: Wohnraum und Nahrung. Erst in den 50er Jahren, als eine Stabilisierung im täglichen Leben eintrat und die touristischen Infrastrukturen – Verkehrswesen und Übernachtungsmöglichkeiten – wiederhergestellt waren, konnte man erneut an das Reisen denken. Zwar waren die Anfänge verhältnismäßig bescheiden, jedoch platzte, um mit den Worten Hermann Bausingers zu sprechen, in den 50er Jahren bereits der „touristi-

Busreisende, 1950er Jahre.

sche Knoten". Die ersten 'westdeutschen Urlaubsreisen' führten per Omnibus oder Zug ins Allgäu, nach Ruhpolding oder an die See. Doch dauerte es nicht lange, bis auch fernere Ziele wie Österreich, Italien oder Spanien anvisiert wurden. Allein zwischen 1953 und 1955 erhöhte sich der Anteil der Auslandsreisen um mehr als das Doppelte auf 28 Millionen. Mittels Mofa, Automobil und Flugzeug kam der 'Massentourismus' ins Rollen, bald 'wuchsen ihm Flügel'. Schier unbegrenzte Möglichkeiten eröffneten sich, das Reisen wurde für viele Bürger zum festen Bestandteil ihrer Lebens- und Jahresplanung.

Während der Urlaub, wie Christine Keitz in „Reisen als Leitbild" erläutert, im Westen Deutschlands eine „Sphäre der Selbstbestimmung und der persönlichen Freiheit" darstellte, war die Freizeitgestaltung in der DDR mehr oder minder staatlich verordnet und planwirtschaftlich organisiert. Der geographische Aktionsradius sowie 'freiheitliche' Entfaltungsmöglichkeiten waren dabei von politischer Seite derart eingeschränkt, dass nur Reisen innerhalb der DDR, in begrenztem Umfang auch in das sozialistische Ausland, möglich waren. In seinem Aufsatz „Reise nach Plan" schildert Claus-Ulrich Selbach, wie private Hotels systematisch enteignet und in Volkseigentum überführt wurden. Staatsbetriebe und der Freie Deutsche Gewerkschaftsbund (FDGB) bauten eigene Ferienheime; zugleich waren sie für die Vergabe der Urlaubsplätze zuständig. Der DDR-Bürger war somit zwangsläufig den staatlichen Verordnungen zur Urlaubsplanung unterworfen und hatte hinsichtlich des Urlaubsorts sowie der Art des Quartiers kaum individuellen Spielraum. Selbst kulturelle und sportliche Aktivitäten am Urlaubsort waren staatlich reglementiert und dienten

DDR-Wahlplakat, 1954.

häufig der ideologischen Erziehung der Feriengäste. Die Möglichkeiten, dem System der kollektiven Freizeitgestaltung auszuweichen, waren gering. Sie erschöpften sich darin, bei Verwandten oder Bekannten Urlaub zu machen oder aber Zelten zu fahren. Da das Bedürfnis nach individuellen Reise- und Urlaubsentwürfen, Privatsphäre und persönlicher Freiheit ebenso vorhanden war wie im Westen Deutschlands, erfreute sich bei DDR-Bürgern das Camping großer Beliebtheit. Dennoch konnte dem allgemeinen Verlangen nach Reisefreiheit erst mit der Grenzöffnung Rechnung getragen werden.

Kofferwelten des Westens Betrachtet man Fotos der ersten Nachkriegstouristen, so ist festzustellen, dass diese vor allem Handkoffer bei sich trugen. Die relativ kleinen Koffer sind zumeist aus hellem Leder oder Lederimitationen. Auf den Kofferecken sind vielfach Lederaufsätze angebracht,

Busreisende, 1957.

welche dem Schutz dienen und einer Abnutzung vorbeugen sollen. Schnappschlösser, manchmal auch Lederriemen halten die beiden Kofferhälften zusammen. Im Vergleich zu Lederhandkoffern aus dem ersten Drittel des 20. Jahrhunderts sind die Koffer der Touristen verhältnismäßig leicht. Die Gestaltung der Behältnisse folgte somit der Reiseform. Denn während zu Beginn des Jahrhunderts noch häufig Kofferträger den Transport übernahmen, mussten die Touristen ihre Koffer nun selber befördern.

Handkoffer, 1950er Jahre.

Zweifelsohne waren Kunstleder- oder Stoffkoffer insbesondere für Gruppenreisen per Bahn oder Bus geeignet. Sie waren leicht zu stapeln und konnten problemlos in der Gepäckablage des Zugabteils und in den Stauräumen der Busse untergebracht werden. Die Verwendung kostengünstiger Lederimitationen spricht dafür, dass die Koffer nicht mehr nur für eine elitäre Oberschicht, sondern für eine breite Masse der Bevölkerung produziert wurden.

Mit zunehmender 'Automobilisierung' stieg auch der Absatz von Autokoffern. 1952 entwickelte die Firma Mädler beispielsweise ein Set aus vier Koffern, die aufeinander gestapelt in den Kofferraum der meisten bis dato vorhandenen Autotypen passten. Der Hersteller reagierte damit auf die Entwicklung hin zur 'motorisierten Gesellschaft'. Schließlich stiegen mit dem Wirtschaftswunder auch die Absatzzahlen der Automobilhersteller. Zwar war die Anschaffung eines Autos bei weitem nicht jedem möglich, jedoch überstieg die Zahl der vorhandenen Personenkraftwagen im Jahre 1953 erstmals wieder den Bestand der Vorkriegsjahre. Bis in die 60er Jahre hinein wuchs die Menge der zugelassenen Autos stetig an, der eigene Wagen avancierte gleichsam zum Fetisch einer neuen Wohlstandsgesell-

Renault-Werbeanzeige, um 1960

RIMOWA-Werbeanzeige, um 1940.

schaft. Ebenso wie die Autos selbst sind daher auch die eigens für dieses Transportmittel kreierten Koffer Sinnbilder des wirtschaftlichen Aufschwungs. Insbesondere die Autokoffer lassen das Selbstverständnis einer neuen Generation erkennen: Die Sehnsucht nach Freiheit und Grenzenlosigkeit manifestiert sich in ihnen ebenso wie der Wunsch nach einer bequemen und individuellen Reise- und Freizeitgestaltung.

Erstmals kamen in den 50er Jahren neben Weichgepäck aus Leder, Lederimitationen und Leinen auch Kunststoff- und Aluminiumkoffer auf den Markt. Mädler nahm 1953 einen nach amerikanischem Vorbild gestalteten Hartschalenkoffer in sein Verkaufsprogramm auf.[58] Der Koffer bestand aus zwei gleich großen Schalen, hatte einen Kunststoffgriff, Schnappschlösser und war in seinem Innern mit Fächern sowie Trennwand versehen – eine Form, die bis heute Bestand hat und auch bei Fabrikaten anderer Gepäckhersteller dominierend ist. Der Aluminiumkoffer hingegen wurde bereits 1939 von der Firma RIMOWA produziert und verkauft. Wirklich rentabel gestaltete sich das Geschäft mit dem Aluminiumgepäck allerdings erst in den 50er Jahren. Die englische Bezeichnung „feather weight air luggage", wie sie in der Firmenschrift „100 Jahre RIMOWA Koffer" zu finden ist, ließ schon damals erkennen, welche Idee sich hinter dem Gepäck mit dem Rillenmuster verbarg: Leicht und stabil sollten die Koffer sein, um den Anforderungen während einer Flugreise zu entsprechen. Und so markieren Aluminium- wie Hartschalenkoffer den Beginn des touristischen Flugreiseverkehrs.[59]

Kunststoff- und Aluminiumkoffer sind nach wie vor Sinnbilder für das ganz große Fernweh, für die Sehnsucht nach Sonne, Strand und Meer. Ihre Grundform, die sich letztlich aus den Handkoffern des 19. Jahrhunderts ableitet, hat sich bis heute kaum verändert. Ihre Ausstattung allerdings – mit unzähligen Extras wie Rollen oder ausziehbaren Griffen – ist wesentlich umfangreicher und vielfältiger geworden.

Der sozialistische Einheitskoffer Im Vergleich zum Gepäck der westdeutschen Touristen gestaltete sich die Reiseausstattung des DDR-Bürgers verhältnismäßig bescheiden. Den begrenzten touristischen Möglichkeiten entsprach eine ebenso begrenzte Auswahl an Koffern. Die Koffer waren zumeist aus dunkelblauem oder braunem Nylon- beziehungsweise Dederonstoff[60] gefertigt, wodurch ihr Eigengewicht sehr gering war. Sie verfügten über ein schlichtes Inneres, hatten keinerlei Extras. Abgesehen von Taschen und Ruck-

Dederonkoffer, um 1980.

säcken, war der Nylonkoffer so ziemlich das einzige Behältnis, welches der ostdeutsche Bürger kaufen konnte. Er war nicht nur das Ergebnis einer planwirtschaftlichen Produktionsform, er verkörperte auch das kollektivistische Nivellierungsprinzip. Wenn nicht mit einem gleichen, so war doch jeder wenigstens mit einem ähnlichen Koffer ausgestattet. Eine Abhebung von anderen Reiseteilnehmern war mittels des Koffers kaum möglich, wodurch wohl auch dem Neid und der Missgunst untereinander vorgebeugt wurde.

Den Hartschalenkoffer kannte der DDR-Bürger allenfalls aus westlichen Werbekatalogen. Da jedoch eine Flugreise für die Mehrzahl der Ostdeutschen ohnehin nur ein Traum war, war auch der Bedarf ein anderer. Vordergründig war nicht etwa der Besitz eines modernen Hartschalenkoffers, sondern vielmehr das Verlangen, überhaupt einmal fliegen zu können. Für all jene, für die dieser Traum in Erfüllung ging, dürfte daher weniger die Reiseausrüstung von Bedeu-

Voll ausgerüstet für eine Campingreise, 70er Jahre.

tung gewesen sein als vielmehr das Erlebnis des Fliegens selbst.

Bei individuell organisierten Urlaubsreisen war Improvisation oberstes Gebot. Campingausrüstungen mussten geborgt, Lebensmittel mitgenommen werden. Insbesondere Auslandsreisen mit dem eigenen Pkw bedurften einer gründlichen Vorbereitung. Die Devisenknappheit zwang den Ostdeutschen dazu, so ziemlich alles einzupacken, was er während der Reise im Ausland benötigte. Ausrüstungsgegenstände wie Luftmatratzen, Decken, Geschirr, Taschen und Dederonbeutel mussten im Kofferraum oder auf den Rücksitzen von Wartburg oder Trabant verstaut werden. Wegen ihrer sperrigen Form waren Koffer für die Campingreise ohnehin ungeeignet. Dagegen konnten Stofftaschen oder kleine Rucksäcke auch in die letzten Winkel des Kofferraums gestopft werden und ermöglichten somit eine ökonomische Nutzung des vorhandenen Stauraums.

Während also der bahn- oder busreisende FDGB-Urlauber zumeist den normierten 'Dederonkoffer' mit auf Reisen nahm, verwendete der Camping- und Individualtourist vornehmlich Taschen und Stoffbeutel. Da die Auswahl an Gepäckstücken ebenso begrenzt war wie die Wahl der Reiseform, gab es im ostdeutschen Sprachgebrauch auch keine Untergliederung in Auto-, Bahn- oder Hartschalenkoffer. Koffer war gleich Koffer – im übertragenen wie im eigentlichen Sinne.

Kunterbunt Heute, zu Beginn des 21. Jahrhunderts, ist das Gegenteil der Fall. Die aufwändig gestalteten Werbekataloge der Gepäckhersteller präsentieren eine Produktvielfalt, wie es sie anscheinend nie zuvor gegeben hat. In schillernden Farben werden potenziellen Käufern die neuesten Kofferkreationen mit „modernem Design", „dezenter Eleganz", „außerordentlicher Stabilität" und „luxuriöser Ausstattung" vorgestellt. Egal, ob jung oder alt – für jeden Geschmack lässt sich etwas finden. Die Mannigfaltigkeit der Koffer spiegelt sich ebenso an Bahnhöfen und Flughäfen wider – an öffentlichen Schauplätzen, wo sich Tourismus und Touristen gleichsam 'konzentrieren', an Orten, an denen Urlaubsreisen ihren Ausgangs- beziehungsweise Endpunkt finden.

Zwar haben die Behältnisse nach wie vor die Form eines Handkoffers, doch ergeben sich durch ihre farbliche Gestaltung mannigfaltige Antagonismen. Während beim bürgerlichen Gepäck des 19. Jahrhunderts die warmen Brauntöne des Leders dominierten, verfügen die Urlaubskoffer der Gegenwart über vielfältige Farben und Farbkombinationen.

Hartschalenkoffer aus einem Samsonite-Katalog, 1998.

Vor den Check-In-Schaltern des Flughafens Frankfurt am Main, 2001.

Ein Großteil der Behältnisse ist in schlichtem Schwarz oder Dunkelblau gehalten, andere wiederum haben knallige Farben wie Türkis oder Pink. Einige Exemplare verfügen über Rollen[61], andere nicht. Es gibt große und kleine Koffer, solche aus Stoff, Kunststoff oder Leder. Darüber hinaus stößt man auf Rucksäcke, Sport- oder Reisetaschen, Kleidersäcke, Kosmetikkoffer und vieles mehr.

Betrachtet man die mannigfaltigen Modelle gleichsam als Spiegel ihrer Besitzer, so ist festzustellen, dass trotz unendlicher Koffervielfalt gewisse Ähnlichkeiten vorhanden sind, ja es scheinen sich sogar einige 'Grundmuster' herauszukristallisieren: Während Familien, die gerade ihren Urlaub auf Mallorca antreten, häufig mit zwei Koffern und mehreren kleineren Handgepäckstücken unterwegs sind, tragen Jugendliche zumeist große Reise- beziehungsweise Sporttaschen bei sich. Der Großstadt-Single, der mit Freunden auf die Malediven oder die Seychellen fliegt, hat neben einem hochmodernen Rollenkoffer noch eine riesige Tasche mit Golf- oder Taucherausrüstung dabei. Ausgestattet mit Kunststoffkoffer und dem dazugehörigen Beauty-Case[62] begibt sich die 'Dame von Welt' auf ihren Badeurlaub nach Spanien oder Portugal. Der Abenteuerurlauber oder Globetrotter hingegen, der gerade nach Afrika oder Südamerika aufbricht, trägt auf seinem Rücken häufig einen riesigen Rucksack, auf dessen Metallgestell zumeist ein Schlafsack oder eine Decke gebunden sind – eine 'Survival-Ausrüstung'.

Sicher, es gibt unzählige Touristen, die nicht in derartige Schemata passen. Die getroffenen Aussagen erheben daher keineswegs den Anspruch universeller Gültigkeit. Da sich die Ausführungen jedoch nicht in uferlosen Beschreibungen erschöpfen sollen, stattdessen einige Feststellungen, die sich als Anregungen für weitere Forschungen verstehen:

Reisetaschen aus einem Samsonite-Katalog, 1999.

1. Zunächst einmal ist der Urlaubskoffer – ebenso wie jedes andere Gepäckstück – vor allem 'Mittel zum Zweck'; er dient als Transportbehältnis auf Urlaubsreisen und ist mindestens ebenso vielgestaltig wie die zahllosen Varianten des touristischen Reisens.

2. Die Tatsache, dass längst auch Behältnisse für Golf-, Tauch-, Snowboard- oder Skiausrüstungen zum Gepäckrepertoire der modernen Touristen gehören, weist vor allem den Aspekt 'Hobby im Koffer' aus. Längst haben auch Sportartikel- und Bekleidungshersteller das touristische Potenzial erkannt, und vermutlich erzielen sie mit maßgeschneiderten Gepäckstücken bisweilen beträchtliche Gewinne. Ebenso wie bei den bürgerlichen Picknickkoffern und Necessaires spielen Passgenauigkeit und individueller Reisekomfort eine entscheidende Rolle.

3. Produktvielfalt und Preisgestaltung gehen Hand in Hand. In einer Spanne von 10 Euro für einen kleinen Stoffkoffer bis hin zu etlichen Tausend Euro für einen Vuitton-Luxuskoffer ist heutzutage alles zu haben. An äußeren Zeichen wie beispielsweise dem Markenzeichen lässt sich freilich ablesen, ob ein Urlauber einen teuren oder einen billigen Koffer mit sich führt. Folglich sind die Urlaubskoffer auch Mittel der formalen äußeren Abgrenzung. Ähnlich den Schrankkoffern oder bürgerlichen Gepäckstücken dienen sie vielfach als Status- und Erfolgssymbole. Denn die hierarchischen Machtstrukturen der Arbeitswelt sind, wie Christoph Henning in seinem Buch „Reiselust" aufgezeigt hat, während des Urlaubs außer Kraft gesetzt; ein Unternehmer-Arbeiter-Verhältnis gibt es ebensowenig wie die Autoritätsgewalt zwischen Abteilungsleitern und Angestellten. Da die Anschaffung eines Koffers letztlich auch eine finanzielle Frage ist, ist es bei weitem nicht jedem möglich, das neueste Samsonite- oder Bree-Modell zu kaufen. Die Urlaubskoffer fungieren daher auch als Erkennungsmerkmale, durch welche einer äußeren Nivellierung unterschiedlicher Personen und Personengruppen vorgegriffen wird. Die verschiedenen Koffermodelle tragen schließlich dazu bei, soziale Schranken auch während der Reise sichtbar zu machen.

Da der Urlaub für viele Menschen einem Ausnahmezustand gleichkommt, ist es freilich auch denkbar, dass durch einen teuren Vorzeigekoffer nicht vorhandener Reichtum vorgetäuscht werden soll. Schließlich gilt es für viele Reisende, von Gewohntem Abstand zu gewinnen, sich vom eigenen sozialen Status zu distanzieren und insbesondere während der Urlaubsreise Wohlstand und Unabhängigkeit zu fingieren.

4. Die kunterbunte Produktvielfalt bringt gleichsam einen 'verwirrungsstiftenden Individualismus' zutage, in dem sich der Mensch nur noch schwerlich zurechtfinden kann: Ein Labyrinth, welches letztlich auch die Orientierungslosigkeit einer breiten 'individualisierten Masse' dokumentiert; ein Irrgarten, in dem es ein Leichtes ist, vermeintliche Bedürfnisse von industrieller Seite her entstehen zu lassen.

Die Koffer der Touristen müssen schließlich als dingliche Vertreter der vielschichtigen Milieus und Gruppierungen unserer Zeit betrachtet werden. Der High-Tech-Rollenkoffer, die sportliche Reisetasche, der abgenutzte Rucksack, das elegante 'Beauty Case' – sämtliche Gepäckstücke demonstrieren auf ihre eigene Weise die Aufspaltung der modernen Gesellschaft in komplexe soziale Gefüge. Sie sind die Spiegelbilder der unendlichen touristischen Möglichkeiten und zeugen von der Saturiertheit einer breiten Bevölkerungsschicht, welche die Grenzen zu neuen Erlebniswelten immer wieder aufs Neue zu durchbrechen sucht – sei es in sportlicher und/oder geographischer Hinsicht.

Dass das immense touristische Aufkommen auch seine Schattenseiten hat und 'die schönsten Tage des Jahres' nicht ohne Folgen für unsere Umwelt bleiben, steht heute wohl außer Frage. Entgegen aller Warnungen von Umweltexperten und Tourismuskritikern gelten Reisen zu Vergnügungs- und Abenteuerzwecken auch weiterhin als absoluter 'Chic'. Und so packen Jahr für Jahr Millionen Urlauber ihre Koffer und begeben sich in die Ferne. Sie wenden sich ab vom üblichen Arbeits- und Lebensalltag, suchen im Urlaub, wie Hermann Bausinger es formuliert, entsprechende „Gegenwelten". Bewusst oder unbewusst nehmen sie im Gepäck

Gepäckband am Flughafen Frankfurt am Main, 1998.

aber immer auch einen Teil ihrer eigenen Lebenswelt mit an den Urlaubsort. Umgekehrt tragen sie auf der Rückreise auch Fragmente der Urlaubswelt mit sich nach Hause. Vollgestopft mit Erinnerungen, Fotos, Andenken und Souvenirs landen die Koffer wieder auf den Gepäckbändern der heimischen Flughäfen.

Zu Hause angekommen, werden die Koffer ausgepackt. Voller Stolz führt man nun den Daheimgebliebenen Fotos und Mitbringsel vor, die man während der Reise gesammelt hat. Man berichtet vom Erlebten und schwelgt noch lange in seinen Reminiszenzen. Die Souvenirs werden in den Regalen des heimischen Wohnzimmerschrankes platziert und fungieren fortan als Beweis- und Erinnerungsstücke. Den Koffer hingegen verstaut man in einem Schrank oder einer Kammer, wo er bis zur nächsten Reise verweilt. Verschwunden im Dunkel seiner Lagerstätte, ist er aber dennoch behaftet mit den Erinnerungen an die Urlaubsreise. Häufig hat diese sogar eine plastische Entsprechung – den Kofferaufkleber.

Exkurs: Individuelle Koffergestaltung

„Wenn statt einzelner bunter
Zettel ein Bilderbogen die Wände
überzieht, aus dreieckigen,
ovalen, viereckigen Bilderreihen,
[...] dann erst prangt er in voller
Schönheit."[63]

Hotelaufkleber, um 1930.

Neben Fotos und Souvenirs ist der 'beklebte Koffer' ein Mittel, Reminiszenzen an die Urlaubsreise festzuhalten, bildlich zu fixieren. Ähnlich den Gesindetruhen erhalten die Gepäckstücke durch die dekorative Ergänzung eine ganz eigene Ausformung. Der Besitzer verleiht seinem Koffer eine individuelle Markierung, besetzt ihn mit einem unverwechselbaren Habitus. Im Gegensatz zu den Truhenbildern werden die Kofferaufkleber jedoch nicht an den Innen-, sondern an den Außenseiten der Behältnisse angebracht. Trotz ähnlicher Gestaltungsmittel, in Form von Bildern, ist damit ein wesentlicher Unterschied zwischen dem beklebten Koffer und der Gesindetruhe festzumachen: Während Mägde und Knechte das Innere ihrer Truhe für sich persönlich ausschmückten und durch den Akt der Ausstaffierung eine Sphäre der Intimität schufen, trägt der Urlauber seine Erinnerungen und Erfahrungen sichtbar nach außen. Die in den Aufklebern enthaltenen Informationen werden an Mitreisende weitergegeben und einem breiten Publikum zugänglich gemacht. Aussagen über bereiste Länder, Städte oder Hotels werden ebenso getroffen und zur Schau gestellt wie die Fluggesellschaften, mit denen der Kofferbesitzer bereits unterwegs war. Die persönliche Reiseerfahrung wird somit in die Sphäre der Öffentlichkeit transformiert und der Koffer als Werbeträger institutionalisiert.

Hotelaufkleber, um 1930.

„Es ist ein Akt der Notwehr, wenn heute die Reisenden ihre uniform aussehenden Hartschalenkoffer mit Aufklebern versehen. Zu groß ist das Risiko, an einem Gepäckband auf den Flughäfen der Welt den falschen Koffer zu erwischen..." Mit diesen Worten kommentiert der Autor Helmut M. Bien in seinem Aufsatz „Der beklebte Koffer" die Ausstaffierung der Koffer mit Aufklebern und Bildern. Seine Aussage basiert auf der Uniformität der heutigen Reisekoffer sowie der Möglichkeit, diese verwechseln zu können. Ein Argument, welches auf den ersten Blick zwar plausibel erscheint, welchem man aber nur teilweise zustimmen kann. Schließlich ist die Eventualität, dass Reisende tatsächlich ein und dasselbe Koffermodell bei sich tragen, heutzutage kaum noch gegeben. Zu groß ist die Vielfalt im Handel erhältlicher Gepäckstücke und Reiseutensilien, zu verschieden sind deren Farben, Formen und Materialien. Sicher, dem schwarzen Hartschalenkoffer begegnet man häufiger als einem braunen Lederkoffer. Dennoch verfügen die einzelnen Fabrikate über verschiedenste Erkennungszeichen, haben unterschiedliche Griffe, Rollen und Verschlusssysteme. Während die einen Koffer eher eckig sind, haben andere runde, weichere Formungen. Der Aspekt, das Gepäck durch Aufkleber vor Verwechslungen zu schützen, scheint daher eher zweitrangig. Es ist ein funktionaler Nebeneffekt, der jedoch nicht überschätzt werden sollte und schon gar nicht als einziges Erklärungsmuster gelten darf.

Die Intention, die sich hinter dem Bekleben von Kofferflächen verbirgt, fußt meines Erachtens nach vielmehr auf der Suche nach Anerkennung und Bewunderung. Schließlich werden in den Aufklebern konkrete Reiseinhalte und Erlebnisse zur Schau gestellt und fragmentarisch an andere Personen weitergegeben. Der Mitreisende im Bahnabteil kann erfahren, wo sein Gegenüber bereits war, und was es schon von der Welt gesehen hat. Darüber hinaus besteht die Möglichkeit, dass der Sitznachbar neugierig wird und

Kleidsame Plaketten und Kofferkleber in künstlerischer Ausführung verleihen Ihnen das Fluidum weltmännischer Reise-Erfahrung.

Karikatur aus „Loriots kleiner Ratgeber".

Beklebter Handkoffer, um 1930.

Vermutlich der erste Hotelaufkleber, 1886.

den Kofferbesitzer auf seine Reiseerfahrungen anspricht. Sicher kommt aufgrund von Neugier und Mitteilungsbedürfnis – möglicherweise auch wegen etwaiger Wiedererkennungseffekte – das eine oder andere Gespräch zustande. Erfolgreich hätte der Reisende dann die Aufmerksamkeit eines anderen Menschen auf sich gelenkt und könnte nun auch offenkundig von den Erlebnissen seiner Reisen berichten. Der Urlauber mit dem beklebten Koffer trägt somit – in seinem Bestreben nach Auszeichnung und Selbstbestätigung – immer auch snobistische Züge. Zuweilen nimmt das Ringen um bewundernde Blicke, um öffentliches Ansehen und Reverenz dann auch groteske Züge an.

Hinter dem, was Loriot als „Fluidum weltmännischer Reiseerfahrung" bezeichnet, verbirgt sich mehr als bloße Selbstgefälligkeit. Das Streben nach Anerkennung mittels Kofferaufklebern bliebe ohne Wirkung, wenn nicht das Reisen selbst einen hohen gesellschaftlichen Stellenwert einnehmen würde. Niemand würde den Kofferbesitzer auf seine Reiseerfahrungen ansprechen oder ihn eines bewundernden Blickes würdigen. Demzufolge sind die kleinen bunten Kofferetiketten auch Indizien für das große öffentliche Interesse am Reisen. Gleichzeitig verkörpern die beklebten Koffer der Gegenwart die 'Demokratisierung des Reisens'. Schließlich war der Kofferaufkleber zunächst nur für ein erlesenes bürgerliches Publikum erschwinglich. Nahezu zeitgleich mit dem Gepäckhersteller Georges Vuitton hatten findige Hoteliers den Koffer als Werbefläche entdeckt. Den Ausführungen von Helmut M. Bien und Ulrich Giersch zufolge, vermuten Sammler, dass der erste Hotelaufkleber vom Savoy Hotel San Remo 1886 „verklebt" wur-

Hotelaufkleber Miramar-Hotel Madeira, 1925.

de: Unter dem Deckmantel eines freundschaftlichen Abschiedsgrusses, wurde der Aufkleber auf das Gepäck des abreisenden Gastes geklebt und diente fortan als Reklamemittel für das Hotel.

Im Zuge verbilligter Eisenbahnfahrten kam es in den zwanziger Jahren des 20. Jahrhunderts zu „einem regelrechten Hotel-Etiketten-Fieber", so Helmut M. Bien. Mit auffällig bunt geschmückten Koffern suchten sich die Reisenden selbst zu überbieten. Der Wettkampf, wer denn der am weitesten und häufigsten gereiste Fahrgast sei, fand in einer unerschöpflichen Fülle von Aufklebern seinen Niederschlag. In den 50er Jahren machte das Automobil die Ausstaffierung der Koffer nahezu überflüssig; bei der individuellen Reiseform fehlte schlichtweg das Publikum, welches die Koffer hätte in Augenschein nehmen können. Stattdessen wurde fortan die größere, äußere Hülle – das Auto selbst – mit Aufklebern versehen. Erst die steigende Zahl von Flugreisen brachte wieder die erforderliche Öffentlichkeit, bei der es dann auch lohnte, den Koffer zu bekleben.

Beklebter Handkoffer, um 1930.

Kofferaufkleber, um 1930.

Längst haben Flug-, Bahn- und Schiffahrtsgesellschaften den Aufkleber für ihre Zwecke nutzbar gemacht. Die einstmals so elitär wie chic anmutenden Kofferetiketten sind heute an fast allen Orten des Tourismus' erhältlich. Ihr Material hat sich dabei vom edlen Mattpapier zur glänzenden Plastikfolie gewandelt. Jeder kann darüber entscheiden, ob er seinen Koffer mit verzieren möchte oder nicht – ganz gleich, ob er im Luxushotel oder einer Jugendherberge übernachtet.

„Time is money"
Zum Gepäck des Geschäftsreisenden

Im Gegensatz zu den vielen Touristen begeben sich Tausende Menschen aus beruflichen und geschäftlichen Gründen immer wieder auf Reisen. Abgesehen von den unzähligen Pendlern, die sich Tag für Tag zwischen ihren Wohn- und Arbeitsorten hin und her bewegen, gehören zu den Geschäftsreisenden vor allem Handelsvertreter und Dienstleister, Unternehmer und Wirtschaftsführer, Politiker und Künstler. Für sie stellt das Reisen keine Abwechslung zum Arbeitsleben dar – das Unterwegssein gehört bei ihnen zur Arbeitswelt dazu, ist unabdingbares Muss zur Berufsausübung. Nicht selten bestimmt das Reisen ihren gesamten Arbeitsablauf und Lebensstil.

Businessgepäck Ebenso konträr wie die Reiseanlässe von Touristen und Businessreisenden gestalten sich auch deren Gepäckstücke. An den Dreh- und Angelpunkten des modernen Reiseverkehrs kann man deutlich die unterschiedlichen Reise- und Gepäckformen erkennen und ausloten. Flughäfen sind für derlei Beobachtungen geradezu prädestiniert. Sie bieten ein breites Spektrum an Menschen unterschiedlichster Herkunft und verschiedenster Reisemotive. Urlauber wie Geschäftsreisende treffen hier aufeinander. Die Unterscheidung zwischen Schaltern für Charter- und Linienfluggesellschaften, zwischen 'Economy-Class' und 'Business-Class' macht eine klare Trennung der Gruppen sichtbar.[64]

Während Touristen zumeist handliche, dennoch aber verhältnismäßig große Koffer mit sich führen, trägt der Businessreisende in der Regel ein oder zwei kleine Gepäckstücke bei sich. Nicht nur die Masse, sondern auch die Farben und Funktionsformen sind bei diesem Gepäck andersartig als bei den Urlaubskoffern. Ebenso dezent wie die Arbeitskleidung eines Geschäftsreisenden – hierzu sind vor allem dunkle Anzüge zu zählen – ist auch die farbliche Gestaltung seiner Behältnisse. Die Kolorierung erschöpft sich im wesentlichen in den Farbtönen Dunkelblau, Schwarz und gegebenenfalls Dunkelgrün. Die Formen und Materialien hingegen sind mindestens ebenso vielfältig wie bei den Gepäckstücken der Touristen. Vor den Check-In-Schaltern einer innerdeutschen Lufthansa-Flugverbindung beispielsweise kann man beobachten, dass eine Vielzahl der Passagiere einen kleinen Koffer auf Rollen hinter sich herzieht. Die im allgemeinen als „Trolley", also „Kofferkuli", bezeichneten Behältnisse gibt es in den Materialien Nylon oder Leder. Auch Ausführungen in Hartschale sind nicht selten anzutreffen. Sie verfügen meist über einen festen Griff an der länglichen Oberseite sowie einen ausziehbaren Griff an einer der beiden seitlichen Flächen. Die Rollen befinden sich an der gegenüberliegenden Seite des Behältnisses. Die Trol-

Trolley aus einem RIMOWA-Katalog, 1998/99.

Vor einem Business-Class-Schalter der Deutschen Lufthansa, 2001.

leys können demnach entweder getragen oder aber, wie generell üblich, hochkant gezogen beziehungsweise geschoben werden. Je nach Transportart ist dann auch die Körperhaltung des 'Trägers'[65] eine andere. Durch den Transport auf Rollen wird der 'aufrechte Gang' des Menschen beibehalten – selbst bei der Beförderung schwerer Gepäckstücke. Alles scheint 'kinderleicht'.

Neben den seit den 90er Jahren weit verbreiteten Trolleys gehören zum Gepäckrepertoire des Businessreisenden vor allem Kleidersäcke, Piloten- und Aktenkoffer sowie spezielle Koffer für Laptops. Die Kleidersäcke sollen einen unbeschadeten Transport von Anzügen und Hemden gewährleisten. Sie sind aus Nylonstoffen oder Leder gefertigt und gehören demnach zur Kategorie 'Weichgepäck'. In beschränktem Maße stellt der Kleidersack eine Weiterentwicklung des Schrankkoffers dar. Ebenso wie bei den Gepäckriesen ermöglichen spezielle Hängevorrichtungen aus Laschen und Bügeln ein Aufhängen der Kleidung. Die Intention, die Anzüge und Hemden unversehrt und knitterfrei zu transportieren, ist demnach dieselbe. Dennoch bestehen freilich ganz wesentliche Unterschiede: Im Gegensatz zu den Schrankkoffern werden die Kleidungsstücke zum Transport einmal zusammengelegt. Das Gepäckvolumen ist somit um ein vielfaches geringer und handlicher. Der Reisende kann den Kleidersack ohne weiteres selber tragen und ist nicht auf die Hilfe von Transporteuren angewiesen.

Die Laptop-, Akten- und Pilotenkoffer sind für den Transport des Arbeitsgeräts konzipiert. Längst gibt es aber auch Mischformen – Taschen, Koffer und Trolleys, in denen sowohl Arbeitsutensilien und in geringem Umfang

Kleidersack der ersten Generation. Mädler-Werbeanzeige, 1953.

In speziellen Broschüren erklären Gepäckhersteller „Das Packen eines Kleidersacks".

auch Kleidungsstücke transportiert werden können. In den Fächern und Laschen der kleinformatigen Koffer können Aktenordner, Notebook, Handy, Kosmetikartikel und Hemden verstaut werden. Passgerecht findet alles seinen Platz. Letztlich sind in dem Gepäck der Geschäftsleute sämtliche Möglichkeiten der modernen Raumökonomie komprimiert und zusammengefasst.

Praktische Erwägungen und Hintergründe Wie alle Koffer entsprechen auch die Gepäckstücke des Businessreisenden in Farbe, Form, Konstruktion, Größe und Material ganz konkreten Funktionalitäten. Diese wiederum basieren auf der Reiseform und dem Reisemotiv. Die Mitnahme bestimmter Arbeitsutensilien gehört für den Geschäftsreisenden zu den Erfordernissen seiner Berufsausübung. Papiere, Dateien und Dokumente müssen für Präsentationen und Geschäftsabwicklungen auch in der Ferne verfügbar und griffbereit sein. Der Aufbau der Koffer folgt daher einer systematischen Ordnung der Arbeitsgeräte. Eine einfache und praktische Handhabung steht sichtlich im Vordergrund.

Der geringe Umfang der Koffer gründet sich vornehmlich auf der Reisedauer, welche wiederum vom Anlass diktiert ist. Während der Urlauber zumeist mehrere Tage oder Wochen verreist, begibt sich der Businessreisende häufig nur für einen kurzen Zeitraum, eine Konferenz oder eine Besprechung auf Reisen. Gelegentlich beträgt die Reisedauer nicht einmal einen Tag. Nicht selten muss der Geschäftsreisende in kürzester Zeit von einem Ort zum nächsten, von einem Termin zum anderen. Die Art des Verkehrsmittels spielt dabei eine mindestens ebenso große Rolle wie die zweckmäßige Form der Koffer. Da das Flugzeug individuelle Vorteile[66] bietet und ein schnelleres Fortkommen ermöglicht, wird es insbesondere von Geschäftsreisenden stark frequentiert. Die Funktionsformen der Koffer richten sich daher auch nach den Prämissen des modernen Flugverkehrs.

Aufgrund der vorgeschriebenen Umfangs- und Gewichtsbegrenzungen ist es dem Reisenden beispielsweise nicht gestattet, mehr als fünf bis sieben Kilogramm Handgepäck mit in die Kabine zu nehmen. Auch dürfen Handgepäckstücke aufgrund bestehender Sicherheitsvorschriften und begrenzt vorhandener Stauräume ein gewisses Ausmaß nicht überschreiten. Alles, was über die Beschränkungen hinausgeht, muss 'eingecheckt' werden, sodass größere Gepäckstücke getrennt von ihrem Besitzer im 'belly' oder 'Bauch' des Flugzeuges transportiert werden. Dies wiederum hat zur Folge, dass der Reisende zum einen früher am

Flughafen erscheinen muss, um das Gepäck ordnungsgemäß am Schalter abzugeben, zum anderen zieht es ein Warten an den Gepäckbändern des Ankunftsflughafens nach sich.

Da Warten auch Stillstand bedeutet – ein Zustand, der in der modernen Geschäftswelt als unproduktiv und somit völlig inakzeptabel gilt, ist der Businessreisende bemüht, diesen tunlichst zu vermeiden. Er versucht, sein Transportgut auf das Handgepäckformat zu beschränken, um somit einer Verzögerung im Arbeitsablauf vorzubeugen. Ungeachtet dessen steht er dennoch unter dem Zwang, seine Arbeitsutensilien mit sich zu führen und sieht sich folglich den Widersprüchen konträrer Bedürfnisse ausgesetzt – der Gepäckbeschränkung einerseits und der Notwendigkeit zur Mitnahme andererseits.

Findige Gepäckhersteller haben diesen 'Missstand' freilich längst erkannt und darin eine Marktlücke entdeckt. Sie entwickelten den bereits erwähnten Trolley – ein Gepäckstück, welches angeblich beide Bedürfnisse befriedigt und in sich vereint. In Katalogen suggerieren sie, dass der Trolley exakt den vorgeschriebenen Normen entspricht und somit ohne Probleme in die Kabine mitgeführt werden darf. Doch selbst, wenn die Größe passgenau auf die Ablagen in den Flugzeugkabinen abgestimmt wurde, so ist damit noch keine Aussage über das vorliegende Gewicht getroffen. Da die Trolleys der Geschäftsreisenden häufig vollgepackt sind mit Arbeitsgerät und Kleidung, sind diese letztlich oftmals zu schwer. Nicht selten kommt es dann zu Kontroversen und heftigen Diskussionen an den Schaltern der Fluggesellschaften. Während das Personal verpflichtet ist, die übergewichtigen Behältnisse einzuchecken, möchte der Passagier sein kostbares Gut selbst mit an Bord nehmen. Er beruft sich zumeist auf den 'maßgeschneiderten' Umfang des Gepäckstückes und hofft somit, das Personal überzeugen und am Zielflughafen schneller fortkommen zu können.[67]

Zweifelsohne liegen derartigen Auseinandersetzungen gewisse Ängste zugrunde. Schließlich befinden sich in den Gepäckstücken der Businessreisenden nicht selten vermeintlich wichtige Geschäftsunterlagen und Dokumente. Die Furcht, das Gepäck könne auf Irrwege geleitet werden oder gar ganz verschwinden, wohnt den beschriebenen Konflikten daher ebenso inne wie der Wunsch nach einer schnellen Reiseabwicklung. Hinter dieser Angst verbirgt sich freilich auch die Sorge, ein rentables Geschäft nicht abschließen zu können. Panische Angstattacken führen dann nicht selten dazu, dass die Gesprächssituation zwischen Flughafenpersonal und Passagier eskaliert und mitunter groteske Züge annimmt. Das ansonsten so routinierte Auftreten eines Geschäftsreisenden kann in derartigen Situationen schon einmal aus den Bahnen geraten. Ausfällige Bemerkungen kommen dabei ebenso zur Anwendung wie Bestechungsgelder oder Beschwerdedrohungen.

Schlussendlich ist bei den Gepäckstücken der Geschäftsreisenden vor allem ein Aspekt von Bedeutung: Die Behältnisse müssen problemlos und schnell selber zu transportieren sein. Individuelle Bedürfnisse sowie Vorgaben und Prämissen des Flugreiseverkehrs müssen auf einen Nenner gebracht werden. Schließlich gilt in der Welt des Businessreisenden die Devise: „Time is money".

Ausgepackt
Schlussbetrachtung

„Reisen – ist das wahre Leben in der ganzen Bedeutung des Wortes; ist Versinken der Vergangenheit und das Nichtahnen der Zukunft, weil die Gegenwart herrscht..."[68]
Alexandre Dumas d. Ä.

Der Koffer – so möchte man den Worten Alexandre Dumas' hinzufügen – ist der Inbegriff des Reisens. Ein Gegenstand, der Vergangenes, Gegenwärtiges und Zukünftiges in sich vereint. Er ist Objekt des Aufbruchs und des Übergangs, Bindeglied zwischen geografischen und ideellen Räumen, zwischen Städten und Ländern, zwischen Erinnerung, Traum und Wirklichkeit. Die Tatsache, dass der Koffer in seiner Wesensart als Reisebegleiter immer einen Brückenschlag zwischen verschiedenen Sphären bildet, verdeutlicht nochmals, dass er nicht wie andere Alltagsgegenstände zum täglichen Gebrauch gedacht ist. Durch seinen 'flüchtigen Charakter' entzieht sich das Objekt Reisekoffer weitestgehend einer 'greifbaren' räumlichen Determinante: Während bei den Gesindetruhen noch konkrete Verbreitungsgebiete benannt werden konnten, ist dies bei den vielfältigen Koffer- und Reiseformen der Gegenwart gar nicht mehr möglich. Hartschalenkoffer, Beauty Case und Trolley sind gleichsam 'globale Erscheinungen', die keine regionalen Kulturgrenzen kennen. Freilich aber muss auch dies als Zeichen für die rasanten Entwicklungen im Verkehrswesen und den damit verbundenen gesellschaftspolitischen Veränderungen verstanden werden. Der Koffer führt somit vor allem auch die Relativität von räumlichen und zeitlichen Bezügen vor Augen.

Kürzlich habe ich einen Ausspruch des brasilianischen Schriftstellers Paolo Coelho gelesen. In einem Interview mit Juan Arias sagte er: „Andererseits musst du dein Leben stark vereinfachen, denn du willst ja nicht die Last deiner Eitelkeit mitschleppen und musst daher dein Gepäck so leicht wie möglich halten. Ich, der ich ständig auf Flughäfen unterwegs bin, habe immer nur ein kleines Köfferchen dabei, weil ich mich nicht unnötig beschweren will und für den Rest meines Lebens gut und gerne aus einem kleinen Koffer leben kann. [...] Reisen lehrt dich auch, daß dein Wochenendköfferchen auch für drei Monate reicht."[69] Coelho, der in geografischer wie geistiger Hinsicht unentwegt auf Reisen ist, bringt mit diesem Ausspruch die individuelle Dimension zum Ausdruck, die identitätsstiftende Bedeutung des Reisekoffers für seinen Besitzer. Beruhend auf persönlichen Erfahrungen verweist auch er auf Verhältnismäßigkeiten: Neben der räumlichen und zeitlichen Komponente betont er vor allem die relative Wichtigkeit von materiellem Besitz. Ebenso wie Alexandre Dumas beantwortet er die Frage nach der menschlichen Existenz, nach dem, was den Menschen im Innern zusammenhält. Nicht die dingliche Habe, sondern die Bewegung, die Suche, das Unterwegssein an sich sind für ihn die Grundlagen des menschlichen Daseins.

In dieser kleinen Kulturgeschichte wurden Behältnisse in ihren jeweiligen zeitgeschichtlichen Zusammenhängen betrachtet und als Spiegel derselben untersucht. Um die Entwicklung des Reisekoffers adäquat nachzuvollziehen, wurde diese in Momentaufnahmen extremer Nutzungsformen aufgelöst und so über einen Zeitraum von zwei Jahrhunderten verfolgt. Es wurde dargestellt, wie sich Kofferformen im Zuge der Veränderungen im Transportwesen modifizieren und welche Unterschiede dadurch in der Handhabung bedingt sind. Doch standen weniger funktionale Aspekte im Mittelpunkt der Betrachtungen als vielmehr die individuellen und gesellschaftlichen Bedeutungsmomente, Korrelationen zwischen Reisenden und ihren jeweiligen Utensilien. Es wurde erörtert, dass Behältnissen auf der Basis von freiwilliger und unfreiwilliger Mobilität verschiedenste Konnotationen zukommen; dass ökonomische und soziale Strukturen wesentliche Faktoren für den Umgang mit Reisebehältnissen sind: Während Gesindetruhen im Innern den nahezu einzigen Besitz von Mägden und Knechten bargen und Verkörperungen einer notgedrungenen Wanderschaft waren, trugen Schrankkoffer und bürgerliche Gepäckstücke den materiellen Wohlstand ihrer Besitzer nach außen. Dass Koffer schließlich auch Abbilder gesellschaftspolitischer Umstände sein können, wurde besonders deutlich bei dem 'letzten Koffer'. Nicht zuletzt wurde mit dem Gepäck jüdischer Verfolgter die extremste Nutzungsform aufgegriffen, in der sich machtpolitische Folgen eines Unrechtsstaates widerspiegelten. Die Analyse dieser Behältnisse führte die existentielle Bedeutung des Objekts für das Individuum vor Augen.

Doch konnten bei all diesen Betrachtungen viele weiterführende Gesichtspunkte nur angedeutet werden. Schließlich würde durch eine Ausarbeitung und Konkretisierung der einzelnen Kapitel eine jeweils eigene Forschungsarbeit entstehen. Die Untersuchung musste sich daher zwangsläufig dem Attribut eines Kompromisses beugen, der zwar grundlegende Momentaufnahmen resorbierte, Detailstudien aber aussparte. Kaum berücksichtigt wurde so beispielsweise die geschlechtsspezifische Betrachtungsebene.

Die Tatsache aber, dass es Gepäckstücke gibt, die entweder von Frauen (Beauty Case) oder Männern (Kleidersack) getragen werden, zeigt diese Dimension freilich an.

Weitgehend unbeachtet blieben auch die mit dem Thema in Verbindung stehenden Berufsbilder. Exemplarisch genannt wurde der Werdegang des Franzosen Louis Vuitton, der zunächst als Kofferpacker am Hofe von Kaiserin Eugénie begann und seine Idee zur industriellen Gepäckfertigung realisierte. Daneben existierten und existieren bis heute im Dienstleistungsgewerbe zahllose andere Berufe: Gepäckträger, Hotelpersonal, Spediteure, Mitarbeiter in Fundbüros, Bahn-, Reederei- und Flughafenangestellte. Der Reisekoffer ist für sie Arbeitsmittel, wodurch dem Objekt wiederum eine existentielle Bedeutung zukommt.[70]

Gepäckanhänger für die Flugzeugbeladung, Flughafen Frankfurt am Main, 2001.

In unmittelbarem Zusammenhang mit den Berufsgruppen steht ein weiterer Aspekt, der ebenfalls nur angedeutet werden konnte: Die Gepäckabfertigung im modernen Verkehrswesen. Wie am Beispiel des Businessgepäcks im Flugverkehr kurz angerissen wurde, kommt es in bestimmten Abwicklungsprozessen häufig zu Konfliktsituationen. Jedoch ist dies nur eine Komponente. Die Tatsache, dass Reisekoffer verloren gehen, zeigt eine weitere Betrachtungsebene auf: Schließlich werden Behältnisse nicht selten zum Gegenstand von Missverständnissen[71] und Kommunikationsbarrieren. Fehldeutungen und falsch verstandene Informationen zwischen Passagieren und Flughafenpersonal führen zu Kofferverlusten[72], welche von den Betroffenen zumeist nur schwerlich verwunden werden. Die Reaktion auf eine solche 'Abwesenheit' des Gepäcks lässt wiederum auf dessen Inhalt und Wertigkeit schließen. Eine Analyse der Prozesse könnte somit weitere Erkenntnisse über materielle und ideelle Bedeutungsmomente im Umgang mit Reisekoffern liefern.

Auch wenn diese und weitere Perspektiven nicht näher beleuchtet werden konnten, kann abschließend doch festgehalten werden: Reisekoffer sind mehr als bloße Transportbehältnisse. Sie sind Zeichen gesellschaftlicher Wandlungsprozesse und individueller Bedürfnisse. Sie sind Spiegelbilder menschlicher Sehnsüchte und Hoffnungen, von Verzweiflung und Ausweglosigkeit. Sie dokumentieren glanzvolle wie leidvolle Erfahrungen, schlagen Brücken zwischen Erinnerung, Traum und Wirklichkeit. Sie verbinden Vergangenes, Gegenwärtiges und erhofftes Künftiges.

„Mein alter Koffer. Ich bin eben wieder von einer kleinen Tour nach Hause zurückgekehrt und mein alter Koffer steht noch neben mir in der Stube, kaum geräumt, aber jeden Augenblick bereit, auf's Neue seine Ladung einzunehmen und mich auf einer frischen Reise zu begleiten. Alter, ehrlicher Koffer, wie manche lange Strecke haben wir schon zusammen zurückgelegt, und wie jugendfrisch sieht er eigentlich noch aus! Ein paar Runzeln hat er freilich bekommen und ein paar Narben, es geht das nicht anders im Leben, bei Menschen, wie bei Koffern, aber zäh hat er sich gehalten – und wenn ich denke, was er alles durchgemacht! [...] Er ist älter geworden, ja, aber wahrlich nicht schlechter oder weniger brauchbar, und ich fürchte fast, daß er mich noch überlebt und mein Sohn vielleicht einmal das Geschäft mit ihm fortsetzt. [...]."
Friedrich Gerstäcker: Mein alter Koffer.

1 Auch in anderen europäischen Regionen gab es Truhen, die vorwiegend von Mägden und Knechten genutzt wurden. Während Leopold Schmidt in Niederösterreich beispielsweise kleine Blankholztruhen mit „dachartigem Deckel" untersucht hat (Bauernmöbel aus Süddeutschland, Österreich und der Schweiz), berichtet Nils-Arvid Bringéus von bunt bemalten Magdtruhen aus Schweden, genauer Schonen (Skånska kistebrev).
2 A. Spamer: Hessische Volkskunst, S. 52.
3 R. Schulte: Bauernmägde in Bayern am Ende des 19. Jahrhunderts, S. 117.
4 M. Scharfe: Bäuerliches Gesinde im Württemberg des 19. Jahrhunderts. S. Becker: Der Dienst im fremden Haus.
5 I. Weber-Kellermann: Landleben im 19. Jahrhundert, S. 174.
6 Zit. nach H. Heidrich: Knechte – Mägde – Landarbeiter, S. 29.
7 Zit. nach W. Brückner: Populäre Druckgrafik Europas. Deutschland, S. 12. Es handelt sich hierbei um Druckgrafiken mit religiösen und weltlichen Inhalten. Da an dieser Stelle nicht näher auf Bildinhalte eingegangen werden kann, verweise ich stattdessen auf die Darlegungen von N.-A. Bringéus: Volkstümliche Bilderkunde, S. 19-40. Vgl. ferner N.-A. Bringéus: Skånska kistebrev, S. 106-292.
8 Ein Beispiel hierfür ist angeführt in: I. Weber-Kellermann: Landleben im 19. Jahrhundert, S. 175 f.
9 Auf die Frage, weshalb sie ihre Heimat verlassen, gaben die Auswanderer häufig diese Antwort. Zit. nach H. Schimpf-Reinhardt: „Ein besser Los zu suchen und zu finden", S. 108.
10 H. Georg: Tagebuch eines Auswanderers, S. 8.
11 Zit. nach P. Assion: Abschied, Überfahrt und Ankunft, S. 132.
12 Zit. nach P. Assion, A. Kuntz (Hg.): „... denn hier ist man ein freier Mann", S. 21. „Litzer" meint demnach Personen, welche die Ankommenden „in Empfang nahmen", sie in Gasthöfe und Geschäfte lockten. Für das Heranschaffen der Kundschaft erhielten die „Litzer" von Gastwirten und Geschäftsinhabern entsprechende Provision.
13 Zit. nach J. Andersson: Schwedische Geschichte, S. 434. Göta – Abkürzung für Göteborg – war der von Auswanderern am häufigsten frequentierte Hafen in Schweden.
14 Zit. nach P. Assion: Von Hessen nach Amerika, S. 99-100.
15 H. Georg: Tagebuch eines Auswanderers, S. 19.
16 P. Assion (Hg.): „...denn hier ist man ein freier Mann", S. 24.
17 Auf Hamburger Schiffen beispielsweise betrug die durchschnittliche Sterblichkeitsrate zwischen 1854 und 1858 nahezu zwei Prozent. Vgl. A. Bretting: Von der Alten in die Neue Welt, S. 108. Aus den zur Verfügung stehenden Unterlagen ist nicht ersichtlich, was mit den Gepäckstücken der Verstorbenen geschah.
18 Zit. nach P. Assion: Abschied, Überfahrt und Ankunft, S. 142.
19 E. Bloch: Das Prinzip Hoffnung, S. 435.
20 Während Bürgertum im Mittelalter noch die Bewohner einer Stadt meinte (diese definierten sich über ihren städtischen Grundbesitz und ihre erbliche Rechtsstellung), differenzierte sich der Bürgerbegriff im Verlauf des 18. und 19. Jahrhunderts zunehmend. Fortan unterschied man zwischen Bildungs- und Besitzbürgertum. Akademiker, Beamte, Kaufleute und Unternehmer – sie alle zählten zum Bürgertum. Vgl. dazu L. Gall: Bürgertum in Deutschland sowie J. Kocka: Bürger und Bürgerlichkeit im 19. Jahrhundert.
21 Der verhältnismäßig junge Begriff der „Rationalisierung" ist an dieser Stelle bewusst von der Verfasserin gewählt. Schließlich beschreibt er ein ökonomisches Selbstverständnis, welches damals wie heute, am Anfang des 21. Jahrhunderts, mit erschreckender Nachdrücklichkeit und Intensität vorhanden war bzw. ist und von Wirtschaftsführern unnachgiebig verfolgt wurde und wird.
22 Die Tischler lieferten zumeist die hölzernen Kästen an die Täschner. Diese bespannten die Behältnisse mit Leder, Segeltuch oder Fell und sorgten für die entsprechende Innenausstattung. Zum Schluss übernahmen die Schlosser das Anbringen von Beschlägen und Verschlüssen. Vgl. dazu H. M. Bien, U. Giersch: Die Welt im Koffer – Koffer der Welt, S. 31.
23 Sicher hatten entstandene Großbetriebe und Fabriken gemessen an

den kleinen Handwerksbetrieben mehr Möglichkeiten, Neuerungen in der Konstruktionsweise sowie den Materialien zu entwickeln und umzusetzen. Dessen ungeachtet scheinen sich aber auch einige kleinere Täschnerbetriebe behauptet zu haben. Hierfür spricht die Tatsache, dass es um die Jahrhundertwende noch Handbücher und Anleitungen zur manuellen Produktion veröffentlicht wurden. Vgl. exemplarisch K. Schlüter, W. Rausch (Hg.): Vollständiges Handbuch für Sattler, Riemer und Täschner.

24 Während die Firma Mädler gerne mit dem Patent des Rohrplattenkoffers aus dem Jahre 1894 wirbt, hebt RIMOWA vielfach die Erfindung des Aluminiumkoffers von 1936 hervor. Louis Vuitton hingegen verweist vornehmlich auf die Einzigartigkeit seiner Stoffbezüge, deren unverkennbare Muster und Monogramme.

25 Zit. nach 1850-1975 Mädler, S. 5. Das Originalzitat stammt demnach aus einem Katalog der Firma Mädler, vermutlich aus dem selben Jahr wie der Fabrikgründung.

26 Zum Eröffnungszeitpunkt der Frankfurter Filiale liegen unterschiedliche Jahresangaben vor. Während Sigrid Barten und Günther Gall das Jahr 1905 nennen, weisen Werbeanzeigen der Berliner Illustrierten Zeitung das Jahr 1907 als Gründungsjahr aus. Vgl. S. Barten: Packende Koffer, S. 61. sowie 1850–1975 Mädler, S. 8. Vgl. dagegen Abb. S. 49.

27 1850-1975 Mädler, S. 6.

28 Die Patentschrift vom 23. Dezember 1894 gibt Auskunft über die exakte Fertigungsweise des Gewebes. Sie ist abgedruckt in 1850–1975 Mädler, S. 6.

29 S. Barten: Packende Koffer, S. 56. Zu den Hintergründen und Ideen, die sich hinter dem Muster verbergen vgl. La toile Monogram, S. 11.

30 K. Beyrer: Ab geht die Post, S. 51, S. 46–54. Es handelt sich hierbei um einen Sammelbegriff, der sich aus dem französischen „Chaise" ableitet, also einem Wagen zur Personenbeförderung. Durch das ergänzende deutsche Präfix ist ersichtlich, dass es sich um einen Wagen handelt, der zusätzlich zum Personenwagen verwendet wurde.

31 Überhaupt könnte es aus kulturwissenschaftlicher Sicht aufschlussreich sein, die Entwicklung des Kofferschlosses näher zu beleuchten. Schließlich treten damit weitere Zusammenhänge ins Blickfeld der Betrachtungen: Der Koffer als 'Geheimnisträger', als 'Verschlusssache', als Synonym für legale oder illegale Geschäfte.

32 Neben den „klassischen" Kutschenkoffern kamen in der zweiten Hälfte des 19. Jahrhunderts auch solche aus Leder auf, die ebenfalls einen gewölbten Deckel hatten.

33 Die Objekte der verschiedenen Sammlungen sind fast ausschließlich englischer Herkunft – eine Tatsache, die anzeigt, dass die Picknickkultur insbesondere in England sehr stark ausgeprägt war. Vgl. auch T. Brune: Ins Grüne, S. 52.

34 Bei den Wanderarbeitern handelte es sich um Arbeiter, die insbesondere zu Beginn der Industrialisierung nach Bedarf in den Fabriken eingesetzt wurden. Sie mussten sich zwischen ihren strukturarmen ländlichen Herkunftsorten und den Arbeitsorten bewegen und nutzten zumeist die Bahn als Verkehrsmittel. Vgl. dazu I. Weber-Kellermann: Landleben im 19. Jahrhundert, S. 375-382. Im Zuge der Industrialisierung begaben sich zunehmend auch Dienstmädchen und Ammen in die neu entstandenen Wirtschaftszentren und gingen bei den bürgerlichen Stadtbewohnern in Stellung. Vgl. dazu H. Schulze: Kleine deutsche Geschichte, S. 133. Vgl. ferner I. Weber-Kellermann: Land-Stadt-Bewegung als Kontext für das Gesindewesen im 19. Jahrhundert, vor allem S. 80-83.

35 An dieser Stelle eröffnet die Kulturgeschichte des Reisekoffers einen weiteren Diskurs: Necessaire und Körperpflege. Eine nähere Analyse der Necessaires könnte neue Erkenntnisse zur bürgerlichen Kultur- und Hygienegeschichte liefern. Die Tatsache, dass Necessaires heutzutage auch als „Kulturbeutel" oder „Kulturtasche" bezeichnet werden, signalisiert eine weitere Dimension: Körperpflege, Pflegemittel und Behältnisse werden in einem Begriff komprimiert, dessen Kern das Wort „Kultur" bildet!

36 Die Welt war jung. Musik: M. Philippe-Gerards, Text: M. Colpet, Gesang: M. Dietrich.

37 Es ist unklar, auf welchen Gepäckhersteller die Erfindung des Schrankkoffers zurückgeht. Fest steht aber, dass Louis Vuitton die mächtigen Koffer seit 1875 anfertigte und somit zu den Vorreitern zählte. Allerdings gibt es neben Louis Vuitton auch amerikanische Firmen, die den Anspruch erheben, den Schrankkoffer erfunden zu haben. Vgl. dazu S. Barten: Packende Koffer, S. 29.
38 Zit. nach M. K. Wustrack: Reflexionen auf den Koffer, S. 10.
39 „Der blaue Engel" war der erste große Tonfilm nach dem Ersten Weltkrieg. In der Verfilmung von Heinrich Manns Roman „Professor Unrat" spielte Marlene Dietrich eine freche junge Dame aus dem Arbeitermilieu. Vgl. M. Dietrich: Ich bin, Gott sei Dank, Berlinerin, S. 82-85. Zwar hatte sie bereits vor ihrer Entdeckung durch Josef von Sternberg in Berlin und Wien in 16 Filmen und 20 Theaterinszenierungen mitgewirkt, allerdings hatten die federführenden Zeitschriften und Blätter keine Notiz von ihr genommen. Erst ihr Debüt in „Der blaue Engel" machte sie über den eigenen Freundes- und Kollegenkreis hinaus bekannt. Vgl. dazu K. Aschke: Für den Kenner in der Menge, S. 70.
40 Vgl. S. Barten: Packende Koffer, S. 82.
41 Ich hab' noch einen Koffer in Berlin, Musik: R. M. Siegel, Text: A. v. Pinelli, Gesang: M. Dietrich.
42 Zit. nach H.-P. Reichmann, W. Sudendorf: Die Arbeit an der Legende, S. 10 f.
43 Als analoges äußeres Erkennungsmerkmal kann hier die textile Tapete im Innern der Schrankkoffer angeführt werden. Ähnlich den Bildern einer Gesindetruhe, dienten die Tapeten und Stoffe im Interieur eines Schrankkoffers der Verzierung und 'Einrichtung' des Behältnisses. Vgl. Schuhkoffer aus dem Inventar der Marlene Collection, Inv.Nr. 3-04 012.
44 J. Pieplow (Bearb.): Lebenszeichen, S. 15.
45 Mittels des „Schriftleitergesetzes" von Oktober 1933 wurden Juden aus den Presseberufen gedrängt. Im September 1935 wurden die „Nürnberger Gesetze" erlassen, welche Juden zu Bürgern zweiter Klasse degradierten und die Eheschließung zwischen Juden und Nichtjuden verboten. Letztlich boten die „Nürnberger Gesetze" die Grundlage für zahlreiche weitere Demütigungen. Vgl. dazu W. Benz: Die Juden im Dritten Reichen, S. 278.
46 Zit. nach W. Dressen: Die Vernichtungslager, S. 39.
47 Zit. nach R. Salamander (Hg.): Die jüdische Welt von gestern, S. 300.
48 Ebd., S. 304 (Originaltext von Stefan Zweig).
49 Vgl. dazu W. Benz: „Endlösung". Zur Geschichte des Begriffs, S. 11-23.
50 Zit. nach J. Pieplow: Lebenszeichen, S. 14.
51 Schreiben des Landrats des Kreises Marburg-Biedenkopf an die Bürgermeister des Landkreises vom 28. August 1942. Hessisches Staatsarchiv Marburg 180 Landratsamt Marburg 180, Nr. 4830. Zit. nach G. Rehme, K. Haase: ... mit Rumpf und Stumpf ausrotten ..., Dokument 78, S. 169 f.
52 Zit. nach C. Füllberg-Stolberg: Frauen in Konzentrationslagern, S. 282.
53 Ebd., S. 284.
54 R. Glazer: Die Falle mit dem grünen Zaun, S. 23.
55 J. Riedl: Rauch, Grab der Millionen, S. 284.
56 E. Bloch: Das Prinzip Hoffnung, S. 430.
57 Zur Definition des Begriffs vgl. K. Köstlin: Reisefieber – Massentourismus, vor allem S. 11 f. Demnach meint „Massentourismus" vornehmlich die Art des Reisens: viele Menschen werden zu bestimmten Zeiten aus den Ballungszentren heraus in „Zentren des Urlaubs" transportiert.
58 Vgl. 1850 – 1975 Mädler, S. 15. Es ist unklar, auf wen genau die Entwicklung des Hartschalenkoffers zurückzuführen ist. Fest steht aber, dass der amerikanische Hersteller Shwayder Brothers Inc. zu einem der ersten gehörte, der Hartgepäck produzierte. Vgl. dazu Samsonite Magazin, S. 2 f.
59 Auch wenn Urlaubsreisen mit dem Flugzeug zunächst nur einer wohlhabenden Schicht vorbehalten waren, wurden in den 50er Jahren bereits erste Charterfluggesellschaften gegründet. In den 60er Jahren avancierte das Flugzeug dann zum Massenverkehrsmittel für Urlauber. Immer mehr Reiseveranstalter nahmen Flugreisen in ihr Programm auf und arrangierten Pauschalangebote aus Flug, Übernachtung, Verpflegung sowie Be-

schäftigungsprogrammen vor Ort. Hauptreiseziel der deutschen Touristen war seinerzeit bereits die Insel Mallorca. Vgl. K. Schumann: Grenzübertritte – das „deutsche Mittelmeer", S. 39-40.

60 Im ostdeutschen Sprachgebrauch wurde Nylon auch als Dederon bezeichnet, was eine Strategie war, sich von der westdeutschen beziehungsweise amerikanischen Sprachregelung abzuheben. Nach einem ostdeutschen Duden beschreibt das Wort Dederon die „Polyamidfaserstoffe der DDR". Die Bezeichnung Dederon setzt sich demnach „aus DDR + ...on" zusammen. Vgl. dazu: Der Große Duden. Wörterbuch und Leitfaden der deutschen Rechtschreibung (Hrsg. von dem VEB Bibliographisches Institut Leipzig). 5. Aufl. Leipzig 1989, S. 101.

61 Mit der Kofferrolle eröffnet sich ein interessanter Blickwinkel. Denn sie ist keine Erfindung des 20. Jahrhunderts, auch wenn dies beispielsweise in einem jüngst veröffentlichten Artikel der Deutschen Bahn behauptet wird (O. Krohn: Hackenporsches Nachfahren). Bereits zur Pariser Weltausstellung im Jahre 1879 wurden Rollenkoffer für Handelsreisende vorgestellt (vgl. dazu: Mit Kabinenkoffer und Plastiktüte, S. 3). Auch am Boden einer Auswandererkiste aus dem 19. Jahrhundert befinden sich vier winzige Rollen. Die Idee, welche nun seit den 70er Jahren wieder ganz massiv zum Tragen kommt und in der Ausgestaltung der Koffer zunehmend an Priorität gewinnt, ist demnach nicht neu. Da die Grundvoraussetzung für das Funktionieren der Rollenkoffer eine ebene Fläche ist, wäre es sicher spannend, die Geschichte der Kofferrolle näher zu beleuchten. Möglicherweise könnten somit auch weitere Erkenntnisse zur „Wegsamkeit" gewonnen werden. Vgl. M. dazu auch M. Scharfe: Straße und Chaussee. Zur Geschichte der Wegsamkeit.

62 Es ist auffällig, dass ein Großteil der Reisebehältnisse heute mit englischen Begriffen, wie „Beauty-Case", „Bordcase" oder „Mobile Office" beschrieben wird.

63 Mit diesen Worten beschrieb 1914 ein namentlich unbekannter Reiseschriftsteller seine Vorstellung eines weitgereisten Koffers. Zit. nach H. M. Bien, U. Giersch: Reisen in die große weite Welt, S. 11.

64 Die Aufspaltung in Freizeit- und Geschäftsreisen findet auch in den Katalogen der Gepäckhersteller ihren Niederschlag. In separaten Kapiteln werden die neuesten Behältnisse für Urlaubsreisen, Wochenendtripps sowie Businessreisen vorgestellt. Vgl. exemplarisch Samsonite Worldproof Katalog 1999. Ganz gezielt werden in den Werbekatalogen auch bestimmte Alters- und Berufsgruppen angesprochen. Eine eingehende Analyse der Kofferwerbung könnte daher nicht nur im Hinblick auf Reklamemethoden und Werbemittel aufschlussreich sein. Vielmehr könnten durch eine kritische Untersuchung Erkenntnisse über Reiseverhalten und Reiseformen gewonnen werden.

65 Die Bezeichnung „Kofferträger" scheint in diesem Zusammenhang überholt beziehungsweise falsch zu sein. Zum einen impliziert sie die Berufsbezeichnung, welche im Falle des Businessreisenden wahrlich nicht richtig ist. Zum anderen wird der Trolley, ebenso wenig wie der Rollenkoffer, nicht getragen, sondern gezogen. Eine adäquate Bezeichnung, welche jedoch im deutschen Sprachgebrauch bislang nicht existiert, wäre daher vielmehr das Wort „Kofferzieher".

66 Bewusst ist die Rede von individuellen Vorteilen. Es steht außer Frage, dass der Flugverkehr in gesellschafts- sowie umweltpolitischer Hinsicht massive Probleme und Konflikte aufwirft.

67 Die Gewichtsbeschränkungen im Luftverkehr haben auch eine historische Dimension: Ebenso wie bei Reisen mit Schiffen und Postkutschen galten bereits zu Beginn des Flugverkehrs – in den 20er und 30er Jahren – strenge Bestimmungen für die Mitnahme von Gepäck. Die zulässige Gewichtshöchstgrenze betrug beispielsweise bei der Deutschen Lufthansa 20 Kilogramm. Jedoch durfte das Gewicht des Fluggastes einschließlich seines Gesamtgepäcks 125 Kilogramm nicht überschreiten. Vgl. dazu B. Fuhs: Dröhnende Motoren – Fliegende Kisten – Coole Drinks, S. 50 f.

68 Zit. nach S. Barten (Bearb.): Packende Koffer, S. 16.

69 J. Arias; P. Coelho: Bekenntnisse eines Suchenden, S. 201.

70 Andererseits ist den zahllosen Reisenden die Tätigkeit dieser Menschen im Alltag kaum bewusst. Erst wenn es aufgrund von Streiks zu Unterbrechungen von 'selbstverständlichen' Mobilitätsprozessen kommt, wird die Leistung dieser Menschen deutlich wahrgenommen, und die Reisenden verlieren ebenso die Kontenance wie beispielsweise bei einem Kofferverlust.

71 Vgl. dazu M. Scharfe: Das Missverständnis als Phänomen der Kultur.
72 Dass dies ein Thema ist, welches von allgemeinem Interesse ist, belegen auch diverse Zeitungsartikel. Vgl. exemplarisch Andrea Sorg: Koffer weg, was dann? In: DIE ZEIT, 22. Juli 1999. Wolfgang Schubert: Code 01 bedeutet Hartschalenkoffer, schwarz oder grau. In: Frankfurter Rundschau, 8. Dezember 1998. Gianfranco Fain: „Wirklich verloren gehen nur ganz wenige Gepäckstücke". In: Oberhessische Presse, 28. August 1998. Heide Platen: Koffer, öffne dich! In: Die Tageszeitung, 14./15. Juli 2001.

Literaturverzeichnis

Albrecht, Thorsten: Truhen – Kisten – Laden. Vom Mittelalter zur Gegenwart am Beispiel der Lüneburger Heide (= Veröffentlichungen des Landwirtschaftsmuseums Lüneburger Heide 6). Petersberg 1997.
Andersson, Ingvar: Schwedische Geschichte. Von den Anfängen bis zur Gegenwart. München 1950.
Apitz, Bruno: Nackt unter Wölfen. 39. Aufl. Halle an der Saale 1958.
Arias, Juan; Coelho, Paulo: Bekenntnisse eines Suchenden. Zürich 2001.
Arnemann, Sepp: Heiter betrachtet. Hamburg 1960.
Aschke, Katja: Für den Kenner in der Menge. Marlene Dietrichs Kleider. In: Werner Sudendorf u. a. (Berarb.): Marlene Dietrich, S. 66 – 79.
Assion, Peter: Das Land der Verheißung. In: Hermann Bausinger u. a. (Hg.): Reisekultur. Von der Pilgerfahrt zum modernen Tourismus, S. 115 – 122.
Assion, Peter; Kuntz, Andreas (Hg.): „...denn hier ist man ein freier Mann". Hessische Amerika-Auswanderung im 19. Jahrhundert. Marburg 1983.
Assion, Peter (Hg.): Der große Aufbruch (= Hessische Blätter für Volks- und Kulturforschung, Neue Folge Bd. 17). Marburg 1985.
Assion, Peter: Die Gesindeverhältnisse im hinteren Odenwald. In: Siegfried Becker; Max Matter (Hg.): Gesindewesen in Hessen, S. 101 – 124.
Assion, Peter: Fremdheitserwartung und Fremdheitserfahrung bei den deutschen Amerikaauswanderern im 19. Jahrhundert. In: Ina-Maria Greverus u. a. (Hg.): Kulturkontakt, Kulturkonflikt. Zur Erfahrung des Fremden. 26. Deutscher Volkskundekongreß in Frankfurt vom 28. September bis 2. Oktober 1987 (= Notizen, Bd. 28). Teil 1. Frankfurt 1988, S. 157 – 167.
Assion, Peter: Thüringer Truhen in Hessen. Zum Möbelhandel und zur Sachkultur des Gesindes im 19. Jahrhundert. In: Hessische Heimat. Zeitschrift für Kunst, Kultur und Denkmalpfelege 35/1985, S. 64 - 72.
Assion, Peter: Truhenexport aus dem Thüringer Wald. In: Volkskunst, Zeitschrift für volkstümliche Sachkultur 10/1987, S. 5 – 10.
Assion, Peter: Von Hessen nach Amerika. In: Hessische Heimat. Zeitschrift für Kunst, Kultur und Denkmalpflege 33/1983, S. 95 – 103.
Barten, Sigrid (Bearb.): Packende Koffer. Von Maria de Medici bis Marlene Dietrich. Zürich 1994.
Baudissin: Das goldene Buch der Sitte. Berlin. Stuttgart 1900.
Bauer, F. A. (Hg.): Taschenbüchlein für Auswanderer und Reisende nach den vereinigten Staaten von Nord-Amerika. Augsburg 1854.
Bausinger, Hermann: Bürgerliches Massenreisen um die Jahrhundertwende. In: Gyr, Ueli (Hg.): Soll und Haben, Alltag und Lebensformen bürgerlicher Kultur. Zürich 1995, S. 131 – 147.
Bausinger, Hermann: Heimat in einer offenen Gesellschaft. Begriffsgeschichte als Problemgeschichte. In: Althoetmar-Smarczyk, Susanne u.a. (Bearb.): Heimat. Analysen, Themen, Perspektiven. Bonn 1990, S. 76 – 90.

Bausinger, Herrmann u. a. (Hg.): Reisekultur. Von der Pilgerfahrt zum modernen Tourismus. München 1991.

Bausinger, Hermann: Wie die Deutschen zu Reiseweltmeistern werden. In: Hermann Schäfer (Hg.): Endlich Urlaub!, S. 25 – 32.

Becker, Siegfried: Der Dienst im fremden Haus. Sozialisation und kollektive Identität ehemaliger landwirtschaftlicher Dienstboten. In: Siegfried Becker; Max Matter (Hg.): Gesindewesen in Hessen, S. 241 – 270.

Becker, Siegfried: Dienstherrschaft und Gesinde in Kurhessen. Kassel 1991.

Becker, Siegfried, Matter, Max (Hg): Gesindewesen in Hessen (= Hessische Blätter für Volks- und Kulturforschung, Neue Folge Bd. 22). Marburg 1987.

Bedal, Konrad: „Wohnen" mit Familienanschluß. Unterbringung der Dienstboten auf den Bauernhöfen an Beipielen aus der Haller Umgebung. In: Hermann Heidrich (Hg.): Mägde – Knechte – Landarbeiter, S. 78 – 84.

Bedal, Konrad: „Der Hauptsache nach nur eine Schlafstätte...". Notizen zum Verhältnis von Hausbau und Gesinde. In: Hermann Heidrich (Hg.): Mägde – Knechte – Landarbeiter, S. 99 – 116.

Benz, Wolfgang: Die Juden im Dritten Reich. In: Karl Dietrich Bracher u.a. (Hg.): Deutschland 1933 – 1945, S. 273 – 290.

Benz, Wolfgang: „Endlösung". Zur Geschichte des Begriffs. In: Heiner Lichtenstein, Otto R. Romberg (Hg.): Täter – Opfer – Folgen, S. 11 – 23

Berwig, Margit; Köstlin, Konrad (Hg.): REISE-FIEBER. (= Regensburger Schriften zur Volksunde 2. Bd.). Regensburg 1984.

Beyrer, Klaus: Ab geht die Post. Zur Reisekultur der Kutschenzeit. In: Wolfgang Griep; Susanne Luber: Vom Reisen in der Kutschenzeit, S. 46 – 54.

Beyrer, Klaus (Hg.): Zeit der Postkutschen. Drei Jahrhunderte Reisen 1600 – 1900. Karlsruhe 1992.

Bien, Helmut M. u. a. (Hg.): Alle Koffer fliegen hoch!. 1. Aufl. Berlin 1993.

Bien, Helmut M.: Der beklebte Koffer. In: Helmut. M. Bien u. a. (Hg.): Alle Koffer fliegen hoch!, S. 49 – 52.

Bien, Helmut M.; Giersch, Ulrich: Die Welt im Koffer – Koffer der Welt. In: Helmut M. Bien u. a. (Hg.): Alle Koffer fliegen hoch!, S. 13 – 48.

Bien, Helmut M.; Giersch, Ulrich: Reisen in die große weite Welt. Die Kulturgeschichte des Hotels im Spiegel der Kofferaufkleber von 1900 bis 1960. 2. Aufl. Dortmund 1988.

Bimmer, Andreas C. u. a.: Alltagsleben im Krieg. Marburgerinnen erinnern sich an den Zweiten Weltkrieg (= Stadtschriften zur Geschichte und Kultur 16). Marburg 1985.

Bloch, Ernst: Das Prinzip Hoffnung. 3 Bände. 1. Bd. 8. Aufl. Frankfurt am Main 1982.

Blodig, Voijtec u. a. (Bearb.): Das Ghetto Museum Theresienstadt (Hrsg. von der Gedenkstätte Terezín). Terezín o.J. [um 1997].

Bracher, Karl Dietrich u. a. (Hg.): Deutschland 1933 – 1945. Neue Studien zur nationalsozialistischen Herrschaft. 2. Aufl. Bonn 1992.

Bree, Wolf Peter (Hg.): ABC der Taschenkunde. In: Wolf P. Bree (Hg.): Die Geschichte der Reisebegleiter, S. 97 – 100.

Bree, Wolf Peter (Hg.): Die Geschichte der Reisebegleiter, Raritäten aus der Sammlung Bree. 1. Aufl. Berlin 1993.

Bretting, Agnes: Halleluja – wir ziehen nach Amerika: West-, Mittel- und Nordeuropa. In: Dirk Hoerder; Diethelm Knauf (Hg.): Aufbruch in die Fremde. S. 27 – 47.

Bretting, Agnes: Von der Alten in die Neue Welt. In: Dirk Hoerder, Diethelm Knauf (Hg.): Aufbruch in die Fremde, S. 75 – 122.

Bringéus, Nils-Arvid: Bedürfniswandel und Sachkultur. In: Konrad Köstlin; Hermann Bausinger (Hg.): Umgang mit Sachen, S. 135 – 148.

Bringéus, Nils-Arvid: Kistebrev i Växjö. Lund 1998.

Bringéus, Nils-Arvid: Skånska kistebrev. Lund 1995.

Bringéus, Nils-Arvid: Volkstümliche Bilderkunde. München 1982.

Bromme, Traugott: Hand- und Reisebuch für Auswanderer nach den Vereinigten Staaten von Amerika. 5. Aufl. Bayreuth 1848.

Brückner, Wolfgang (Hg.): Heimat und Arbeit in Thüringen und Franken. Würzburg 1996.

Brückner, Wolfgang: Populäre Druckgraphik Europas – Deutschland. München 1975.

Brune, Thomas (Hg.): Ins Grüne. Picknick und Ausflug um 1900. Stuttgart 1992.

Brune, Thomas (Bearb.): Museum für Kutschen, Chaisen, Karren. Stuttgart 1989.

Bülow von, Vicco: Loriots kleiner Ratgeber. München 1971.

Bütow, Martin: Abenteuer Marke DDR: Camping. In: Hermann Schäfer (Hg.): Endlich Urlaub!, S. 101 – 105.

Burfeind, Ilse: Das Kind im Koffer. Hamburg 1987.

Chmelar, Hans (Bearb.): ...nach Amerika. Eisenstadt 1992.

Daimler-Benz-Museum [Das] (Hrsg. von der Daimler-Benz AG). 2. Aufl. Stuttgart 1984.

Deutsches Ledermuseum, Katalog Heft 1. 1. Aufl. Offenbach / Main 1974.

Dietrich, Marlene: Ich bin, Gott sei Dank, Berlinerin. Memoiren. 2. Aufl. Frankfurt am Main, Berlin 1992 (franz. Originalausgabe Paris 1984).

Dressen, Willi: Die Vernichtungslager. In: Heiner Lichtenstein, Otto R. Romberg (Hg.): Täter – Opfer – Folgen, S. 38 – 48.

Frank, Anne: Tagebuch. Frankfurt am Main 1996.

Frizot, Michel (Hg.): Neue Geschichte der Fotografie. Köln 1998.

Fuhs, Burkhard: Dröhnende Motoren – Fliegende Kisten – Coole Drinks. Marburg 2000.

Füllberg-Stolberg, Claus u. a. (Hg.): Frauen in Konzentrationslagern. Bremen 1994.

Gall, Lothar: Bürgertum in Deutschland. Berlin 1989.

Gauß, Hans: Bemalte volkstümliche Möbel aus Schnett. Eisfeld 1992.

Gauß, Hans: Möbelherstellung und Möbelexport am Beispiel Schnett. In: Wolfgang Brückner (Hg.): Heimat und Arbeit in Thüringen und Franken, S. 161 – 166.

Gauß, Hans: Schnetter Truhen und Veilsdorfer Porzellan. In: Jahrbuch des Hennebergisch – Fränkischen Geschichtsvereins 9. Jg. 1994, S. 207 – 210.

Gawlick, Henry: „Truhenbilder" in Mecklenburg. In: Stier und Greif (= Blätter zur Kultur- und Landschaftsgeschichte in Mecklenburg und Vorpommern). Schwerin 1992, S. 55 – 60.

Gerstäcker, Friedrich: Mein alter Koffer. In: Die Gartenlaube. Illustriertes Familienblatt 22/1866, S. 80.

Georg, H.: Tagebuch eines Auswanderers nach den vereinigten Staaten von Nordamerika. Dillenburg 1853.

Glaser, Hermann: Deutsche Kultur. Ein historischer Überblick von 1945 bis zur Gegenwart. Bonn 1997.

Glazer, Richard: Die Falle mit dem grünen Zaun. Überleben in Treblinka. Frankfurt am Main 1992.

Görtemaker, Manfred: Deutschland im 19. Jahrhundert. 5. Aufl. Opladen 1996.

Greve, Barbara: „Den Nothstand im Kurstaate betreffend". In: Hessische Heimat. Zeitschrift für Kunst, Kultur, Denkmalpflege 38/1988, S. 99 – 104.

Griep, Wolfgang: Die Gefahren der Reise. In: Wolfgang Griep; Susanne Luber (Hg.): Vom Reisen in der Kutschenzeit, S. 23 – 27.

Griep, Wolfgang; Luber, Susanne (Hg.): Vom Reisen in der Kutschenzeit. 2. Aufl. Heide in Holstein 1990.

Halder, Noll: Die großartige Auswanderung des Andreas Dietsch und seiner Gesellschaft nach Amerika. Zürich 1978.

Händler-Lachmann, Barbara u. a.: Purim, Purim, ihr liebe Leut, wißt ihr was Purim bedeut? Jüdisches Leben im Landkreis Marburg im 20. Jahrhundert. Marburg 1995.

Heidrich, Hermann (Hg.): Mägde – Knechte – Landarbeiter. Arbeitskräfte in der Landwirtschaft in Süddeutschland. Bad Windheim 1997.

Henning, Christoph: Reiselust. Touristen, Tourismus und Urlaubskultur. 1. Aufl. Frankfurt am Main und Leipzig 1997.

Hoerder, Dirk; Knauf, Diethelm (Hg.): Aufbruch in die Fremde. Europäische Auswanderung nach Übersee. Bremen 1992.

Huck, Gerhard (Hg.): Sozialgeschichte der Freizeit. Untersuchungen zum Wandel der Alltagskultur in Deutschland. Wuppertal 1980.

Jacobsen, Wolfgang u. a. (Hg.): Geschichte des deutschen Films. Stuttgart, Weimar 1993.

Kralovitz, Rolf: ZehnNullNeunzig in Buchenwald. Ein jüdischer Häftling erzählt. Köln 1996.

Kramer, Dieter: Die Dinge und ihr Sinn. Produktkulturen und Lebensqualität im Kulturvergleich. In: Steffen, Dagmar (Hg.): Welche Dinge braucht der Mensch?. 2. Aufl. Frankfurt am Main 1996, S. 150 – 156.

Kocka, Jürgen (Hg.): Bürger und Bürgerlichkeit im 19. Jahrhundert. Göttingen 1987.

König, René: Kleider und Leute, Zur Soziologie der Mode. Frankfurt am Main und Hamburg, 1967.

Köstlin, Konrad: Reisefieber – Massentourismus. In: Margit Berwig; Konrad Köstlin (Hg.): REISE-FIEBER, S. 9 – 16.

Köstlin, Konrad; Bausinger, Hermann (Hg.): Umgang mit Sachen, Zur Kulturgeschichte des Dinggebrauchs. 23. Deutscher Volkskunde-Kongreß in Regensburg vom 6. bis 11. Oktober 1981 (= Regensburger Schriften zur Volkskunde, Bd. 1). Regensburg 1983 Regensburg 1982.

Kohavi, Chava: Koffer und Rucksäcke. St. Pölten 1993.

Krohn, Olaf: Hackenporsches Nachfahren. In: DB mobil 09/2001, S. 30.

Lair, Katina: Berichte von Überlebenden. Frauen in Auschwitz-Birkenau. In: Heiner Lichtenstein und Otto R. Romberg (Hg.): Täter – Opfer – Folgen, S. 82 – 90.

Lakotta, Beate: Das Jahrhundert der Mode. In: Spiegel specail 9/1996, S. 59 – 70.

Lauer, Heike: Reisetoilette. In: Klaus Beyrer (Hg.): Zeit der Postkutschen, S. 108 f.

Lichtenstein, Heiner; Romberg, Otto R. (Hg.): Täter – Opfer – Folgen. Der Holocaust in Geschichte und Gegenwart. 2. Aufl. Bonn 1997.

Lindenthal, Bernd K.: Aus Wetzlar in die Neue Welt. In: Mitteilungen des Wetzlarer Geschichtsvereins 27/1980, S. 139 – 192.

Loewy, Hanno; Schoenberner, Gerhard (Bearb.): „Unser einziger Weg ist Arbeit". Das Getto in Łódź 1940-1944. Frankfurt am Main 1990.

Mattausch-Schirmbeck, Roswitha: „Gut behütet". Bad Homburg v. d. Höhe 1985.

Mädler [1850 – 1975]. Offenbach 1975. (Mit einer Einleitung von Günther Gall).

Maierbach-Legl, Gertrud: Truhe und Schrank in Südostbayern. Würzburg 1997.

Mercedes-Benz-Museum. (Hrsg. von der Mercedes-Benz AG). Stuttgart 1992.

Mezger, Werner: Schlager. Versuch einer Gesamtdarstellung unter besonderer Berücksichtigung des Musikmarktes der Bundesrepublik Deutschland.(= Untersuchungen des Ludwig-Uhland-Instituts der Universität Tübingen. 39. Bd.). Tübingen 1995.

Ned, Günter, u. a.: Louis Vuitton, der Koffermacher aus Paris. In: Hideaways. Die schönsten Hotels und Destinationen der Welt 6/1997, S. 130 – 137.

Oeffelen van, Dagmar: Koffer. In: Sammler Journal 7/1997, S. 22 – 27.

Ott, Evelyn: Altes Reisegepäck. In: Sammler Journal 7/1997, S. 28 – 29.

Pieplow, Jürgen (Bearb.): Lebenszeichen. 1. Aufl. Göttingen 1979.

Polák, Josef: Das Lager. In: Theresienstadt (Hrsg. vom Rat der jüdischen Gemeinde in Böhmen und Mähren). Wien 1968, S. 25 – 51.

Raffael Rheinsberg. Koffermauer – Klagemauer (Hrsg. vom Kulturamt der Landeshauptstadt Kiel / Stadtgalerie). Kiel 1933.

Rehme, Günther; Haase, Konstantin: ...mit Rumpf und Stumpf ausrotten... Zur Geschichte der Juden in Marburg und Umgebung nach 1933. (= Marburger Stadtschriften zur Geschichte und Kultur 6). Marburg 1982.

Reichmann, Hans-Peter; Sudendorf, Werner: Die Arbeit an der Legende.

In: Sudendorf, Werner (Hg.): Marlene Dietrich, S. 10 f.
Reinholz, Halrun: Über den Begriff Heimat in der Volkskunde. In: Röder, Annemarie (Bearb.): Heimat. Ethnologische und literarische Betrachtungen (= Schriftreihe Haus der Heimat des Landes Baden-Württemberg, Heft 4). Stuttgart 1995, S. 9 – 18.
Reise durch die Zeiten. Rückschau des Hauses Louis Vuitton (Hrsg. von Louis Vuitton Malletier). Paris 1983.
Rexin, Manfred u.a. (Bearb.): Einigkeit und Recht und Freiheit. Wege der Deutschen 1949 – 1999. Hamburg 1999.
Riedl, Rauch, Grab der Millionen. In: Rachel Salamander (Hg.): Die jüdische Welt von gestern, 1860 – 1938, S. 283 – 285.
Ritz, Joseph Maria: Rhöner Bauernmöbel. In: Josef Maria Ritz (Hg.): Bayrisches Jahrbuch für Volkskunde 1950, S. 75 – 78.
Salamander, Rachel (Hg.): Die jüdische Welt von gestern, 1860 – 1938. München 1998.
Sauermann, Dietmar (Hg.): Knechte und Mägde in Westfalen um 1900 (= Beiträge zur Volkskultur in Nordwestdeutschland, Heft 1). Münster 1972.
Schäfer, Hermann (Bearb.): Endlich Urlaub! Die Deutschen reisen. Bonn 1996.
Scharfe, Martin: Bäuerliches Gesinde im Württemberg des 19. Jahrhunderts: Lebensweise und Lebensperspektiven, Eine erste Annäherung an das Problem. In: Haumann, Heiko (Hg.): Arbeiteralltag in Stadt und Land. Neue Wege der Geschichtsschreibung. Berlin 1982, S. 40 – 60.
Scharfe, Martin: Das Mißverständnis als Phänomen der Kultur. In: Grieshofer, Franz; Schindler, Margot: Netzwerk der Volkskunde, Ideen und Wege. 4. Bd. Wien 1999, S. 461 – 495.
Scharfe, Martin: Straße und Chaussee. Zur Geschichte der Wegsamkeit. In: Klaus Beyrer (Hg.): Zeit der Postkutschen, S. 137 – 149.
Schell, Maximilian: MARLENE, MON AMOUR. Abschied vom grössten deutschen Star. In: Stern 21/1992, S. 20 – 36.
Schildt, Axel: Gesellschaftliche Entwicklungen. In: Deutschland in den fünfziger Jahren. Informationen zur politischen Bildung 256/1997, S. 3 – 10.
Schimpf-Reinhardt, Hans: „Ein besser Los zu suchen und zu finden". Deutsche Auswanderer. In: Hermann Bausinger u. a. (Hg.): Reisekultur, S. 108 – 114.
Schivelbusch, Wolfgang: Geschichte der Eisenbahnreise, Zur Industrialisierung von Raum und Zeit im 19. Jahrhundert. München, Wien 1977.
Schlüter, Karl; Rausch, Wilhelm (Hg.): Vollständiges Handbuch für Sattler, Riemer und Täschner. Weimar 1897.
Schmidt, Leopold: Bauernmöbel aus Süddeutschland, Österreich und der Schweiz. Wien 1967.
Schulz, Karin (Hg.): Hoffnung Amerika. Europäische Auswanderung in die Neue Welt. Bemerhaven 1994.
Schulze, Hagen: Kleine deutsche Geschichte. München 1996.
Schulte, Regina: Bauernmägde in Bayern am Ende des 19. Jahrhunderts. In: Hausen, Karin (Hg.): Frauen suchen ihre Geschichte. München 1983, S. 110 – 127.
Schulte, Regina: Das Dorf im Verhör. Hamburg 1989.
Schumann, Kerstin: Grenzübertritte – das 'deutsche' Mittelmeer. In: Hermann Schäfer (Hg.): Endlich Urlaub!, S. 33 – 42.
Selbach, Claus-Ulrich: Reise nach Plan. Der Feriendienst des Freien Deutschen Gewerkschaftsbundes. In: Hermann Schäfer (Hg.): Endlich Urlaub!, S. 65 – 76.
Spamer, Adolf: Hessische Volkskunst. Jena 1939.
Spiegelman, Art: MAUS I. A Survivor's Tale. My Father Bleeds History. London, New York, Singapur 1986.
Spiegelman, Art: MAUS II. Die Geschichte eines Überlebenden. Und hier begann mein Unglück. Hamburg 1992 (englische Originalausgabe New York 1991).
Spielmann, Heinz (Hg.): Reiseleben – Lebensreise. Schloss Gottorf und seine Sammlungen. 2. Aufl. Schleswig 1994.

Steinorth, Karl u.a. (Hg.): Lewis Hine. Passionate Journey. Photographs 1905 – 1937. Zürich 1996.
Stölting, Siegfried: Auswanderer auf alter Zeitungsgraphik. Worpswede 1987.
Sudendorf, Werner u. a. (Bearb.): Marlene Dietrich. Berlin, Bonn, Köln 1995.
Świebocka, Teresa (Hg.): Auschwitz. A History in Photography. Auschwitz-Birkenau 1999.
Trepp, Leo: Geschichte der deutschen Juden. Stuttgart, Berlin, Köln 1996.
Weber, Therese (Hg.): Mägde. Lebenserinnerungen an die Dienstbotenzeit bei Bauern. Wien, Köln, Graz 1985.
Weber-Kellermann, Ingeborg: Landleben im 19. Jahrhundert. München 1987.
Weber-Kellermann, Ingeborg: Land-Stadt-Bewegung als Kontext für das Gesindewesen im 19. Jahrhundert. In: Siegfried Becker; Max Matter (Hg.): Gesindewesen in Hessen, S. 65 – 84.
Werner, Bruno E.: Die Zwanziger Jahre. München 1962.
Werner, Kerstin: „Heilig Drei König bringt dem Bauer sein Gesind". In: Hessische Blätter für Volks- und Kulturforschung, Neue Folge Bd. 22 / 1987. Gesindewesen in Hessen. Herausgegeben von der Hessischen Vereinigung für Volkskunde durch Siegfried Becker und Max Matter, S. 197 – 211.
Wimschneider, Anna: Herbstmilch. Lebenserinnerungen einer Bäuerin. 37. Aufl. München 1984.
Wolf, Michael: Monsieur Vuitton packt alles ein. In: Welt-Report 137/ 1997, S. 46.
Wustrack, Michael K.: Reflexionen auf den Koffer. In: Helmut M. Bien u. a. (Hg.): Alle Koffer fliegen hoch!, S. 7 – 12.
Yans-McLaughlin, Virginia; Lightman, Marjorie: Ellis Island and the People of America. New York 1997.

Materialien

Auf den Spuren der Auswanderer in Bremerhaven. Faltblatt des Fördervereins Deutsches Auswanderermuseum e.V. (Hg.). Bremerhaven 1999.
Bree Collection 1998 [Die]. Werbekatalog. Hrsg. von Bree Collection GmbH & Co. KG (103 S.). Isernhagen 1998.
Bree Collection 1999 [Die]. Werbekatalog. Hrsg. von Bree Collection GmbH & Co. KG (96 S.). Isernhagen 1999.
Collection Delsey. Werbekatalog. Hrsg. von Delsey Europe. (67 S.). Frankreich 1996.
Diderot, Denis; d'Alembert, Jean L.: Encyclopédie, Tafelband, II, 2. Paris 1763.
Gläser & Herzberg, Spediteure. Auftragsschein zur Gepäckbeförderung. Marlene Dietrich Collection. Berlin.
The Illustrated Catalogue of Furniture and Household Requisites. London 1883.
Lohmann Werke, Koffer Katalog. Bielefeld 1936.
Mit Kabinenkoffer und Plastiktüte. Kleine Geschichte der Gepäckstücke. Hörfunkbeitrag des Hessischen Rundfunks. Hörfunk – Bildungsprogramm WISSENsWERT. Redaktion: Jürgen Gandela (7 S. Skript). Ausgesendet am 12. März 1999, 08:30 – 08:45 Uhr.
RIMOWA 1996 – 1997. Die Koffer mit den Rillen. Werbekatalog. Hrsg. von RIMOWA Kofferfabrik GmbH (20 S.). Köln 1996.
RIMOWA 1998 – 1999. Die Koffer mit den Rillen. Werbekatalog. Hrsg. von RIMOWA Kofferfabrik GmbH (20 S.). Köln 1998.
Samsonite. Reise-Accessoires. Faltblatt. Hrsg. von Samsonite Europe N.V. (6 S.). Oudenaarde 1999.
Samsonite. Richtig packen. Broschüre. Hrsg. von Samsonite Europe N.V. (16 S.). Oudenaarde 1998.
Samsonite Worldproof 1998. Werbekatalog. Hrsg. von Samsonite Europe N.V. (90 S.). Oudenaarde 1998.

Samsonite Worldproof Katalog 1999. Werbekatalog. Hrsg. von Samsonite Europe N.V. (114 S.). Oudenaarde 1999.

Schrankkoffer. Marlene Dietrich Collection. Berlin. Inv.Nr. 3-04 003, 3-04 004, 3-04 009, 3-04 011, 3-04 012, 3-04 013, 3-04 021.

Steamer Trunk. Beschreibung. Hrsg. vom Ellis Island Museum. New York. Inv.Nr. 3809.

Steamer Trunk. Beschreibung. Hrsg. vom Ellis Island Museum. New York. Inv.Nr. 3810.

Trunks. Beschreibungen Ellis Island Museum. New York. Inv.Nr. 4943, 5125, 21685, 21696, 21726, 21807, 22278, 24131, 26412, 26522, 27145, 27612, 29401, 8176, 6585.

Stukenbrok, August. Illustrierter Hauptkatalog. Einbeck 1912.

Vivre en Monogram. Werbekatalog. Hrsg. von Louis Vuitton Malletier. (42 S.). Paris 1996.

Voyages en France. Werbekatalog. Hrsg. von Louis Vuitton Malletier. (100 S.). Paris 1993.

La toile Monogram. Broschüre. Hrsg. von Louis Vuitton Malletier (20 S.). Paris 1996

Louis Vuitton „Die Kunst des Reisens". Pressemitteilung des Herstellers. Hrsg. von ACC Gesellschaft für Public Relations mbH (3 S.). München 1997.

Louis Vuitton präsentiert: Damier Canvas. Eine neue Variante bewährter Tradition. Pressemitteilung des Herstellers. Hrsg. von ACC Gesellschaft für Public Relations mbH (3 S.) München 1997.

Abbildungsnachweis

Archive und Museen

Archiv für Kunst und Geschichte, Berlin   S. 41
Bonacker, Marburg   S. 95, 108
Deutsche Kinemathek-Marlene Dietrich Collection, Berlin   S. 70, 73
Keystone Pressedienst, Hamburg   S. 65
Ullstein Bild, Berlin   S. 56, 58
Deutsches Ledermuseum, Offenbach   S. 38, 48, 61, 68
Wetterau-Museum, Friedberg   S. 24, 25

Literatur

Arnemann 1960   S. 91
Assion 1983   S. 25
Barten 1994   S. 44, 57, 61, 69, 72, 74, 105
Bausinger 1991   S. 22
Bien/Giersch 1988   S. 76, 104
Blodig o. J.   S. 85
Bree 1993   S. 37, 50, 55, 63, 77, 105
Brune 1992   S. 59
Chmelar 1992   S. 20, 21, 28, 30
Frizot 1998   S. 88
Gauß 1992   S. 12, 16
Loriot 1971   S. 104
Loewy/Schoenberner 1990   S. 84
Schäfer 1996   S. 93-95, 97
Swiebocka 1999   S. 88
Spiegelman 1987   S. 81
Spielman 1994   S. 38, 51, 52, 63

Steinorth 1996   S. 31, 32
Sudendorf 1996   S. 72
Weber-Kellermann 1987   S. 19

Materialien

Diderot/D'Alembert 1763   S. 41
Illustrated Catalogue 1883   S. 3, 25, 36, 37, 40, 51, 59
Lohmann 1936   S. 67
Mercedes-Benz 1992   S. 57
Rimowa 1998-99   S. 96, 107
Samsonite 1994   S. 108
Samsonite 1998   S. 98
Samsonite 1999   S. 99
Stukenbrok 1912   S. 53
La toile Monogram 1996   S. 45-47, 53, 69

Berliner Illustrierte Zeitung 1906   S. 43, 49
Constanze 14, 1950   S. 45
Constanze 18, 1950   S. 58
Film Revue 18, 1959   S. 90
Der Spiegel 33, 2001   S. 86
Stern 21, 1992   S. 71
Die Woche 1913   S. 42, 44, 54

Privatbesitz   S. 7, 9, 11, 23, 35, 39, 62, 95, 97, 99, 101, 102-104, 106, 107, 113, 116, 117